DU PEUPLE ET DES PARTIS

Suite de l'ouvrage intitulé :

MOYENS

DE RENDRE LE PEUPLE FRANÇAIS

LE PLUS GRAND DU MONDE, ETC.

Par Eugène RAISON,

EX-MILITAIRE DE L'ARMÉE D'AFRIQUE.

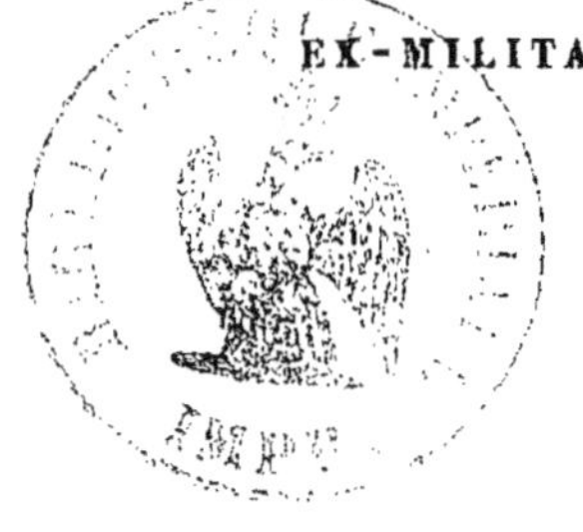

Prix : 1 fr.

TOULOUSE,

IMPRIMERIE DE BONNAL ET GIBRAC,

RUE SAINT-ROME, 46.

1853.

PRÉFACE DE LA DEUXIÈME PARTIE.

A M. FÉLIX,

SOLDAT AU 54ᵉ DE LIGNE.

MON CHER FÉLIX,

Je vous envoie la suite de mon petit ouvrage. Vous avez bien accueilli la première partie ; j'espère que vous lirez la deuxième avec le même plaisir et la même indulgence. Vous, mon ami, vous n'avez pas trouvé le premier titre exagéré ni ridicule ; car, vous le savez, soldats, capitaines, généraux, nous n'avons tous, dans l'armée, qu'un seul but, celui de rendre la patrie prospère, grande et puissante. A toutes les époques, nos armées régulières ont été la force et le salut de la France.

Lorsque les haines et les ambitions mesquines tiraillaient le pays, lorsque le sang coulait sur les échafauds, et que la honte et l'égoïsme trônaient au pouvoir, l'armée fut le refuge de tous les jeunes gens enthousiastes et braves qui avaient trop de cœur pour vivre au milieu des sanglantes saturnales qu'ils ne pouvaient empêcher, et trop de probité, de loyauté pour s'industrier à chercher leur intérêt matériel et un avenir assuré, à la faveur des troubles et des ténèbres révolutionnaires.

L'armée n'ambitionne pas la richesse, elle est pauvre ; et son dévouement, ses sacrifices sont toujours gratuits. Son désintéressement a souvent été traité de folie, et le nom de militaire n'est pas une qualification fort recommandable auprès de certaines gens. Aussi toutes les idées qui pourraient ajouter quelque grandeur au nom Français sont-elles parfaitement accueillies dans tous les rangs de l'armée, et peu goûtées des faiseurs de révolutions, qui ont toujours cherché à détruire son unité.

Les *patriotes de 90* s'attachaient à gagner les militaires du pauvre roi Louis XVI, leur payaient des glaces, du vin, les débauchaient souvent à la barbe de leurs officiers. En 1848, on voulut aussi enivrer et débaucher les soldats. En 1830, un homme de loi, l'un des grands du règne de Louis-Philippe, M. Persil, vantait, louait un officier qui avait désobéi aux lois de la discipline ; et cette haine de ce qui est juste, l'envie de ce qui est élevé, et le désir de détruire ce qui ne devrait être redouté que des méchants, dominent dans le cœur de bien des hommes. Serons-nous sans cesse forcés de vivre dans l'anarchie ou le despotisme ? Un juste milieu n'est-il pas possible dans les choses humaines ? Ne pourrons-nous jamais jouir sagement de la liberté ?

Pour moi, mon ami, je regrette toujours cet heureux temps où les hommes de l'armée étaient mes frères, où, libres de soucis et de soins, habitués à obéir, nous vivions en camarades comme les enfants d'une même famille, et je me dis souvent que si la France doit un jour retrouver son énergie et ses sentiments chevaleresques, c'est par l'armée qu'elle les recouvrera.

J'ai dû changer le titre qui est à la première partie de mon ouvrage, déjà publié. On a trouvé étrange qu'un auteur pauvre et inconnu ait trouvé le *moyen de rendre le peuple français le plus grand du monde*, et l'on s'est dit : « Ce que tant d'hommes illustres ont vainement cherché, comment le cerveau d'un auteur ignoré aurait-il pu le résoudre ? » La jeunesse est quelquefois présomptueuse : l'amour de la patrie, le désir de voir son pays puissant, n'excuse-t-il pas ce qu'il peut y avoir d'exagéré dans une idée ? Telle était ma pensée, lorsque j'ai placé en tête de ma brochure, une réclame aussi étonnante. Cependant j'ai trouvé ici beaucoup de bienveillance : on a acheté mon petit livre, on l'a lu. Quelques personnes souriaient bien en voyant son titre aussi singulier ; elles le recevaient toutefois, et le payaient généreusement.

Dans toutes les villes de France, à Toulouse plus que partout peut-être, il y a de bien braves gens pour qui rendre service est un bonheur. Un auteur pauvre et inconnu a droit à leur bienveillance, à cause même de sa pauvreté. Ce sentiment est plein de bonté. Ces hommes qui, sans intérêt, sans ostentation, soutiennent les premiers pas d'un jeune auteur, ne sont-ils pas vraiment généreux ? Aussi je ne saurais trop les remercier, et j'espère que cette deuxième partie sera accueillie avec autant de bonté que la première. Mais savez-vous, mon ami, où j'ai trouvé le plus d'acheteurs ? Vraiment, je suis sûr que vous resteriez longtemps à le deviner.

Il est à Toulouse, auprès de l'église St-Etienne, un quartier tranquille et calme, quartier vaste, opulent. Là, dans des hôtels magnifiques, dort bien doucement la noblesse du midi. Cette noblesse est polie, gracieuse ; on vante sa bienveillance ; elle aime à lire, dit-on, et doit nécessairement protéger les lettres. Rempli de ces idées superbes, je m'en allais, mes brochures sous le bras, frapper aux portes de ces demeures princières ; mais hélas ! trois fois hélas ! j'en ai été pour ma peine : partout les portes se refermaient derrière moi, et l'on disait : « Nous sommes fatigués de lire ; pourquoi venir nous présenter ces idées extravagantes ? » Ne sommes-nous pas heureux de vivre comme nous vivons ? Nos rentes sont bien payées, nos vins et nos grains se vendent, nous pouvons déployer dans nos salons le luxe qu'il nous plaît : que faut-il de plus ? Vous nous parlez de colonisation extérieure ; votre projet est un rêve impossible à réaliser, une utopie déraisonnable. Qu'iraient faire les Français dans l'Inde, dans la Chine ? — Mais la Chine est aux abois, la révolte détruit tout devant elle. Voilà l'Empereur du Céleste Empire qui demande des secours aux Anglais maudits. Voilà ces marins audacieux qui vont posséder le monde ? Réveillez-vous, nobles Français ! Si vos pères vous voyaient dans cette indifférence, ils auraient honte de vous. Souvenez-vous que nous possédions autrefois le Canada, la Louisiane, Saint-Domingue, les Antilles, l'Inde, et qu'aujourd'hui nous n'avons presque rien ; qu'aujourd'hui, lorsque le commerce est l'ame, la vie des nations, nous n'avons presque pas de colonies. Nobles Français, réveillez-vous ? que votre fortune, que vos efforts nous sauvent. Réunissez vos capitaux ; servez-vous de votre intelligence pour donner à la France la grandeur qu'elle a perdue, comme vous le dites vous-mêmes si souvent. — Oh ! mon Dieu, laissez-nous dormir ! La guerre troublerait notre doux repos. Qu'on fasse toutes les concessions, qu'on donne tout aux étrangers. L'honneur du nom français nous importune. Les Anglais feront payer fort cher à la Chine les secours qu'ils lui donneront. Tant mieux, c'est leur droit (*Aigle,* 20 mai 1853). Quant à nous, nous sommes heureux. Pourquoi rechercher la fatigue? Pourquoi nous occuper de ces questions lointaines? Que nous fait, à nous, le développement du commerce, la grandeur du pays? Le doux bruit de nos salons éblouissants peut nous suffire. — Mais Henri V est à l'étranger, le peupe français le connaît à peine. Si son nom vient quelquefois frapper son oreille, c'est lorsqu'il est enveloppé de calomnies. L'histoire est présentée aux masses tout de travers : la vertu est appelée vice, le vice est réputé vertu. Robespierre est un Dieu, Louis XVI un monstre. Il faudrait très peu d'efforts pour répandre dans le peuple des idées vraies et justes, pour faire tomber ces préjugés absurdes. — Oh ! ce serait trop difficile : laissez-nous dormir !... Laissons à la bourgeoisie le commerce et l'influence qu'il donne. Refusons toutes les places, les dignités qui pourraient nous rendre populaires ; éloignons de nous tout ce qui ne sera pas nous, et vivons en paix. Dormons, dormons doucement. Qu'on écarte de notre vue toute image attristante ; ignorons ce qui se passe ; nous ne sommes plus de ce monde. Ceux qui gouvernent défendront nos biens : qu'ils soient bénis ! Pas de guerre surtout, vivons tranquilles ; dormons, dormons doucement.

Voilà la noblesse de fortune ou de naissance. Ce honteux repos où elle dort et dont elle ne veut pas sortir lui sera fatal. Elle mourra oubliée, et il lui serait si facile de conquérir une influence légitime et certaine.... Le peuple obéira-t-il à des inconnus, et ne peut-on pas dire que les intelligences si élevées du parti légitimiste sont aujourd'hui complétement inconnues, éclipsées? Comment espérer que jamais Henri V revienne en France? Si le parti légitimiste était franc, il avouerait que son retour l'inquiète très peu, et que c'est plutôt par habitude que par affection qu'il s'appelle royaliste. Beaucoup même craindraient de le voir arriver, par la peur qu'ils ont de la guerre civile, et par la crainte de perdre leurs châteaux.

On a beau vanter les progrès de l'humanité, et chercher des différences entre l'histoire des peuples ; proclamer l'impossibilité de la guerre, et se déclarer à l'apogée de la civilisation; les hommes sont toujours les mêmes. Une décision rapide, l'énergie d'action, basée sur des principes vrais, sera toujours mieux vue, mieux appréciée qu'une tiédeur molle et une apathie langoureuse.

Louis-Napoléon a fait plus en 1851 pour la France, que tout le parti légitimiste pendant trois ans. Si la Bretagne avait voulu suivre l'élan généreux que voulaient lui imprimer quelques jeunes gens que l'on traitait de *fous*, Henri V serait aujourd'hui aux Tuileries. Lorsqu'on a vu la noblesse toute entière accepter la république, on a pu penser que le parti légitimiste était mort. Ses principes sont admirables. Qui donc serait assez insensé pour le nier? Il n'y a que des hommes

sottement méchants, qui jettent l'injure au dernier représentant d'une
race si brillante de ces rois de France, qui ont partagé la bonne et
mauvaise fortune du pays, et qui, quoi qu'on en dise, lui ont donné
ses plus grandes libertés, ont défendu son honneur et conservé son
intégrité. Mais admettre ces principes sans chercher à les propager,
admirer Henri V sans chercher à le faire connaître, est-ce bien rationnel?

« La foi qui n'agit point, est-ce une foi sincère? »

Telles étaient, mon cher Félix, les réflexions que je faisais en par-
courant ce *quartier des nobles*. J'éprouvais une poignante peine
d'être refusé. En général, on ne savait pas si l'ouvrage était bon ou
mauvais. Pourquoi ne voulait-on pas me lire?... Aujourd'hui les jeunes écrivains travaillent pour le peuple. On ne veut pas les lire dans la
haute société. J'ai été bien accueilli chez les marchands, parmi les
simples ouvriers, dans tous les magasins de commerce, et j'ai été
rejeté des heureux oisifs. De quel droit les hautes sociétés se plaignent-
elles de ce que les doctrines les plus mauvaises, les calomnies les
plus atroces se répandent contre elles dans les masses? Elles repous-
sent honteusement tout ce qui ne vient point d'elles. Elles ne savent
pas aider les premiers pas d'un pauvre écrivain. Louis Blanc se fit républicain parce qu'il fut dix ans malheureux. Combien d'écrivains le
sont devenus en étudiant les vices des hautes classes!... Il y a bien
quelques écrivains distingués qui se sont attachés au parti légitimiste;
ils combattent pour lui : le bruit de leurs exploits s'est répandu au
loin, leur réputation est devenue prodigieuse; on les admire. Pourquoi
ne les voit-on qu'avec froideur dans les salons du noble faubourg? Si
leur nom était moins bourgeois, ils y seraient mieux accueillis. Chose
étrange! petitesse singulière qui accompagne toujours les races en
décadence! N'est-ce pas à cet orgueil insensé, à cette exclusion systématique qu'est dû, en partie, ce cataclysme de révolutions qui nous
ont tant effrayés?... Vous voulez vivre seuls et vous dormez, pendant
que tout se meut, que tout s'agite autour de vous-mêmes !
Si donc de si hautes intelligences peuvent à peine trouver grâce à
vos yeux, à quoi pouvons-nous nous attendre, nous qui n'avons ni leur
savoir, ni leur talent? M. de Montalembert appelait *affreux petits
rhéteurs* les agitateurs du peuple. Avait-il raison? Pour qui écrit-on?
Pour ceux qui veulent nous lire. Si le peuple aime à lire, s'il cherche
à soutenir, avec ses sous si péniblement gagnés, les pas des écrivains

obscurs, n'est-ce pas à lui qu'ils doivent adresser leurs écrits? Ne chercheront-ils pas à saisir ses idées, ses goûts, ses désirs? Ne lui diront-ils pas qu'il est généreux, loyal, sincère? N'est-il pas juste d'aimer qui nous aime, de respecter qui nous respecte! Qu'aurait à faire l'aristocratie!... Pourquoi ne veut-elle pas aider et soutenir ceux qui la servent? Le socialisme, ce monstre à mille têtes, cet être indéfinissable, a été terrassé. Pourquoi! Parce que l'aristocratie financière et l'aristocratie de naissance se sont servies de tous les moyens imaginables pour le détruire; parce que le peuple, convaincu par elles que ces rêves de bien-être universel le menaient au chaos, et qu'ils servaient de masque à la cupidité des uns et à l'ambition des autres, n'a plus eu une foi forte dans les doctrines de ces apôtres nouveaux. Si le socialisme n'avait pas été ainsi montré, croit-on qu'il eût été si facilement détruit? Un principe qui est cru, devient une foi; et la foi, dans le peuple, conduit rapidement à ce que l'on est convenu d'appeler *fanatisme*... C'est-à-dire, au mépris de la vie, à toute l'énergie du désespoir. Pourquoi n'agirait-on pas de même aujourd'hui... Pourquoi les gens riches repoussent-ils sans cesse ceux qui veulent écrire? Un charmant journal de la ville, écrit avec beaucoup de finesse, et qui sait rire fort spirituellement, a dit que, dans ce monde, tout était *ficelle*. Ce mot est encore plus vrai quand on l'applique aux partis. Le parti légitimiste seul ne veut employer que de vieilles ficelles... Comment peut-il espérer de réussir? L'activité est-elle à dédaigner? Ce n'est pas en dormant qu'on arrive. Qu'est une armée sans soldats, et où sont les soldats du parti légitimiste! Pourquoi ne pas employer une partie de vos revenus à populariser vos idées?... Ce serait un bon moyen de prouver que vous croyez. Vous ne pouvez autrement nous persuader que vous êtes réellement convaincus de ce que vous pensez, si vous ne cherchez pas à propager vos convictions.

M. Guizot disait : « Fausse ou vraie, fatale ou salutaire, quand
» une idée sociale s'élève, elle pénètre, elle agit partout et toujours.
» C'est un flambeau qui ne s'éteint jamais. C'est une voix qui ne s'ar-
» rête et ne se tait nulle part. L'universalité et la publicité incessante,
» tel est désormais le caractère de toutes les grandes provocations adres-
» sées, de tous les grands mouvements imprimés aux hommes. »

J'avoue que ces phrases sont belles, mais j'avoue aussi que je ne les comprends pas trop. Une idée fausse ne peut pas être acceptée, et bientôt les hommes l'abandonnent : leur intérêt peut souvent les entraîner au mal, mais ils savent qu'ils font mal. On ne peut obtenir un résultat sérieux qu'en présentant la fausseté sous une apparence vraie ; on ne peut exciter les passions d'une classe contre une autre, qu'en présentant les hommes de l'une ou de l'autre comme des tyrans, des types de tous les vices. Tel a été toujours l'art des révolutionnaires. Pourquoi les légitimistes, qui ont des principes si vrais, ne chercheraient-ils pas à les vulgariser ? Cet attachement si beau d'une partie de la nation pour une famille proscrite, a fait l'admiration de tous les honnêtes gens que les passions n'aveuglaient pas. Aujourd'hui que les masses font tout, je le répète encore, pourquoi ne pas populariser ces idées vraies ! Les menées de quelques partisans seront-elles toujours déclarées *vérité*, et la vérité sera-t-elle toujours voilée ? Que le parti légitimiste le dise : qu'a-t-il fait pour être populaire ?

Il est bon de chercher à convaincre la partie élevée de la société, mais la tâche est difficile. Il est plus facile de faire comprendre la vérité aux simples et aux petits. Pense-t-on qu'il faille flatter les mauvais instincts du peuple pour s'en faire aimer ? Non, sans doute. Il y a plus de bon sens, plus de droiture qu'on ne le pense dans les basses classes de la société.

Dans tous les temps, les grandes familles ont cherché à se créer un grand nombre de clients. Cette masse d'hommes attachés à la vie, à la fortune d'une famille, constituait une force, et servait souvent à sauver le pays. Pourquoi donc le parti légitimiste, qui se compose, en général, des plus riches habitants du pays, s'enferme-t-il dans l'ombre, et cherche-t-il à se dépouiller de toute l'influence légitime qu'il pourrait acquérir ? Les hommes les plus sensés trouvent aujourd'hui que l'existence d'une aristocratie est nécessaire à la vie d'un grand pays.

« Un peuple n'est point une immense addition d'hommes, tant
» de milliers, tant de millions comptés dans un certain espace de
» terre, et tous représentés dans un chiffre unique qu'on appelle
» tantôt *Roi*, tantôt *Assemblée*. Un peuple est un grand corps orga-
» nisé, formé par l'union au sein d'une même patrie, de certains
» éléments sociaux qui se forment et s'organisent eux-mêmes natu-
» rellement. »

L'existence de la liberté dans un pays tient plus qu'on ne croit à l'existence d'une aristocratie fortement constituée. Si l'aristocratie nobiliaire de France avait cherché à augmenter sa fortune (que le

Code civil détruit tous les jours), par le commerce et les exploitations industrielles; si elle avait apporté dans le commerce cette loyauté et ce désintéressement qui la distinguent et l'honorent, la France la connaîtrait mieux et l'aimerait davantage. Mais non, elle se meurt, elle s'en va, on le dit hautement.

« Le parti légitimiste existe encore. Non-seulement il est présent
» et considérable dans la France nouvelle, mais évidemment de jour
» en jour, de crise en crise, il accepte décidément, complétement,
» l'ordre social et le régime politique que la France s'est donnés,
» et à mesure qu'il les accepte, il y entre, se révèle, et se trans-
» forme pour se désavouer..... » Qu'est-ce à dire? Que le parti légitimiste tend à se désunir, à se perdre : cela est évident.

Les légitimistes veulent donner à la France les libertés qu'elle réclame. Souvent ils s'allient aux républicains qui les trompent, et se moquent de leur loyauté. Pourquoi ne pas faire par eux-mêmes ce qu'ils voudraient faire par d'autres? Le grand obstacle au succès du parti légitimiste, c'est l'inactivité, la nonchalance de ses membres. On dirait qu'ils vivent sans cesse dans la crainte. Mieux vaudrait être franchement Napoléonien, que de vivre retiré et en dehors de tous. A part quelques écrivains ardents et sincères, quels services rendent les autres hommes du parti?

Lorsque les journaux napoléoniens leur disent que leur temps est passé, ont-ils tort? Quel pas ont-ils fait depuis 1830? Où sont leurs conquêtes? Je le répète encore, où est leur popularité?....

Demandez à ces ouvriers ce qu'ils pensent du comte de Chambord? Ils vous diront qu'ils ne le connaissent pas.... Parlez à ces paysans des nobles et des *blancs*. Ils les loueront, parce qu'ils valent mieux que la bourgeoisie parvenue. Ils sont fiers, diront-ils, mais aussi ils sont humains et généreux. Ils ajouteront à voix basse; mais si le roi revenait, ils deviendraient méchants. Ils prendraient mon champ, et ils coucheraient avec ma fille la première nuit de ses noces.

Il y a des gens qui ont dit que la féodalité reviendrait en France avec le descendant de tant de rois, et on les a crus. Qu'ont fait les légitimistes pour détruire ces calomnies? Ils se sont contentés d'en rire, et ils ont laissé les *vilains* croire ce qu'ils ont voulu.

Ainsi, si d'un côté je n'ai pu vendre mon petit Livre parmi les nobles de Toulouse, j'ai été heureux, d'un autre côté, auprès des avo-cats et des notaires.... Je me trompe; hélas! non. Ces messieurs, les gens de loi paperassent, finassent pendant la paix, comme ils parlent et gesticulent en temps de troubles, toujours à leur profit. Ils savent, en général, retirer quelque chose des révolutions ; ils jettent en avant les hommes simples et confiants, et se contentent des honneurs de la parole ; ils ont un grand amour pour leurs frères lorsqu'ils ont besoin d'eux, et ils savent fort bien, un autre jour, refuser leur porte au pauvre diable qui s'y présente, sous prétexte qu'il est trop démocrate et fort compromettant.

Adieu, mon cher Félix ! J'espère que, cet été, j'irai visiter avec vous les charmants ombrages de notre voluptueuse Blidah. D'ici là, je vais recommencer, à travers la ville, mes courses fatigantes, frapper à la porte des Toulousains, même à celle des nobles et des avocats. J'espère être plus heureux auprès d'eux.

Adieu ! Votre ami,

Eugène RAISON.

Toulouse, le 20 juin 1853.

CHAPITRE I.

QU'EST-CE QUE LE PEUPLE?

Du peuple démocrate, — du peuple orléaniste, — du peuple légitimiste.

J'interroge les républicains; et, au milieu du scepticisme de notre époque, de l'égoïsme matérialiste qui nous environne, je suis étonné de trouver chez eux un mysticisme étrange, mêlé à tout ce que la cruauté a de plus odieux.

Le peuple, disent-ils, « est cette race toujours souffrante,
» toujours déshéritée qui marche, marche sans cesse sans trêve
» ni repos, sans récompense ni espoir, jusqu'à ce que hom-
» mes, enfants, vieillards meurent sous un joug de fer, joug
» homicide que d'autres reprennent à leur tour, et que les
» travailleurs portent d'âge en âge sur leurs épaules dociles
» et meurtries...» (Eugène Sue). Il y a des hommes qui disent :
« Dans toutes les professions, là où le travail est surtout matériel et manuel, là il y a aussi des situations diverses. Les
uns, par leur intelligence et leur bonne conduite, se créent un
capital et entrent dans la voie de l'aisance et du propriétaire.
Mensonge ! Car jamais les classes laborieuses de la société
n'ont été plus misérables, car jamais les salaires n'ont été
moins minimes, moins en rapport avec les besoins pourtant
plus que modestes des travailleurs. » (id. *Juif errant*)

« Autrefois, le fils d'un charpentier était venu relever le
» faible, le petit, le souffreteux, l'enfant, l'esclave, le samari-
» tain, et le but de la révolution est aussi de relever, d'exalter
» ce qui était rabaissé (Esquiros). « Salut à la République
» sociale que les peuples bénissent, salut, ô toi, qui es le seul
» gouvernement vrai. Tu dois appeler le bonheur sur la terre.

» Ton principe est dans la nature même, et ta fin, nulle part.
» Tes rameaux croîtront sans cesse comme ceux d'un bel
» arbre. » Ces paroles si singulières sont peu de chose; nous
pourrions en ajouter de plus singulières encore.

» Je crois au dogme évangélique tout puissant, régénérateur
» des peuples de la terre, et au socialisme son fils unique
» notre sauveur, qui a été conçu de l'amour fraternel et for-
» mulé par le Christ, qui a souffert sous les tyrans, qui a été
» calomnié, poursuivi par le fer et le feu, proscrit, enseveli
» dans les pontons, et qui, après trois révolutions, s'est élancé
» resplendissant de lumière d'entre les martyrs, pour aller s'as-
» seoir au foyer du prolétaire, d'où il reviendra nourrir les
» vivants et réhabiliter les morts. Je crois au *bonheur com-*
» *mun,* à la sainte égalité, à la communion des peuples, à
» l'extinction de l'exploitation de l'homme par l'homme, à
» l'organisation du travail, à la solidarité universelle. »
(Thuilier, ex-rédacteur du *Père Duchène*).

Je demande en vain l'explication de ces mots. Comment
arriverez-vous au bonheur commun? Comment arriverez-
vous à détruire cette exploitation de l'homme par l'homme?
Et tous, muets, étonnés, me parlent de haine, de vengeance;
tous me disent que le pouvoir, la bourgeoisie nous oppriment, et que le jour où la France, imitant ces farouches républicains de 93, prendra la torche et le fer, ce jour-là nous
aurons *recouvert* la liberté. Quelques-uns nomment le *commu-*
nisme, d'autres la liberté illimitée, la destruction de l'armée
et du pouvoir. D'autres veulent donner à l'Etat le crédit, les
fortunes privées, tous ont des idées différentes.

Je demeure épouvanté. J'attends avec anxiété que cette
lutte arrive, et je pense que, semblables à leurs imitateurs,
ils donneront leur âme aux peuples, ils marcheront à leur
tête (Esquiros). Vains mots! Cent mille hommes révoltés sont
dispersés par quelques centaines de conscrits... Serions-nous
donc arrivés à ces temps maudits où l'intrigue est tout, où
les révolutions ne sont qu'un honnête prétexte pour voler? Ces
grands républicains ne seraient-ils semblables qu'à ce *million*

d'oppresseurs qui avaient, au temps même de Marat, *rem-placé les cinq cent mille tyranneaux nobles que l'on avait supprimés?* (Marat, lettre à Camille). Serions-nous forcés d'avouer que les hommes sont toujours les mêmes, et que, malgré nos chemins de fer et nos bateaux à vapeur, nous n'arriverons jamais à cette grande fraternité des peuples? Aurions-nous donc fait trois ou quatre révolutions pour arriver juste au point d'où nous sommes partis, c'est-à-dire, au pouvoir absolu, sans noblesse, et fondé sur l'intelligence d'un seul homme, pouvoir précaire et faible, puisqu'il se rattache à ce qu'il y a de plus fragile dans le monde, la santé, la vie d'un seul?

Ces puissantes et fécondes associations ouvrières, où sont-elles? Et pendant les quelques jours où vous êtes restés au pouvoir, les avez-vous fondées? Vous parlez des droits du peuple. Quels sont ces droits? Le droit de vivre, dites-vous, le droit au bonheur, à la jouissance; le droit à la liberté, le droit de réunion illimitée; le pouvoir d'avoir ses délégués, ses représentants. Et depuis qu'il n'a plus cette liberté illimitée, depuis qu'il s'occupe de son travail, qu'il laisse la politique de côté, qu'il devient simple travailleur, ce peuple vit, gagne de l'argent, possède le bonheur, et jouit un peu des bienfaits de la civilisation. Ses libertés politiques, il n'en veut pas. Cette France ne serait-elle pas assez mûre pour la liberté, et son peuple ne serait-il pas intelligent? Marchons-nous vers la décadence?

Autrefois les prétoriens de Rome faisaient et défaisaient les Césars. Les provinces, les yeux tournés vers la ville éternelle, acceptaient humblement le César qu'on leur avait nommé. Républicains, où êtes-vous? Sommes-nous arrivés à cet état de décadence, et ce que le peuple, avec son bon sens, disait naïvement : *Ils ne veulent que des places,* serait-il vrai?...

Etes-vous purs et énergiques comme les grands hommes de 93 (Esquiros), ou bien l'égoïsme du siècle a-t-il flétri votre croyance? La Vendée royaliste lutte trois ans contre la république qui écrasait l'Europe; et vous..... Quel enseignement tirons-nous de là! Que le peuple doit toujours rester petit, que les idées avancées par la république étaient fausses? Non! beaucoup de ces idées étaient admirables. Pourquoi être exclusif? Il y avait de bonnes choses praticables, simples, vraiment chrétiennes. Pourquoi donc les rêves modernes n'ont-ils pas réussi? Parce que l'ambition est venue jeter sa corruption au milieu du peuple; parce qu'au lieu de prêcher la paix on a prêché la guerre, parce qu'on a voulu saper, au nom de l'évangile même, les croyances évangéliques; et lorsque, le verre en main, au milieu des folles nuits de l'orgie, on disait : *nous sommes frères*, les faux prêtres, soudoyés par les puissances du monde, sont nos ennemis (Eug. Sue); détruisons l'obéissance, proclamons l'indépendance de l'orgueil, régénérons le christianisme, renouvelons Dieu (P. Leroux) : un long cri d'effroi a retenti en France.

La femme qui aimait à se retirer au pied des autels pour prier Dieu, a eu peur de se voir enlever ses croyances. Le jeune insensé qui oubliait, au milieu des plaisirs, des fatigues de la débauche, les doux souvenirs de son enfance, s'est éloigné avec effroi, ou brisait dans son cœur le dernier espoir qui lui restait, les croyances qui pouvaient faire de lui un honnête homme.

Paysans, soldats, riches et pauvres, tous ont eu peur de ces idées étranges, folles, qui attaquaient à la fois et la religion, et le pouvoir, et la fortune. Le peuple est encore religieux, il n'a pas voulu de ces doctrines.

Je vais chez les Orléanistes, et je leur demande : qu'est-ce que le peuple? une voix puissante me répond :

» Le peuple n'existe pas. Nous sommes tous du peuple;
» toutes les familles, toutes les propriétés sont régies par
» les mêmes lois, et confèrent ou possèdent les mêmes droits.
» Point de priviléges, c'est-à-dire, point de lois ni droits
» civils particuliers pour telles ou telles familles, tels ou tels
» habitants. C'est un fait nouveau et immense dans l'histoire
» des sociétés humaines. » (Guizot).

Fort bien! Ainsi il n'y a plus en France que des gouver-

nants et des gouvernés ; plus de liens qui rattachent les familles aux familles, les hommes aux hommes, et au milieu de cet immense tourbillon, quelles sont les lois à suivre? Où se trouve le bonheur ? Comment arrive-t-on à la considération? Un mot terrible avait été prononcé : *Enrichissez-vous!* avait-on dit, et vous aurez tout : les dignités, les honneurs, tout viendra s'attacher à vous. La révolution de 1848, ce choc immense, ce volcan incendiaire qui a menacé de tout engloutir, a-t-il donc éclairé les esprits ? a-t-on compris qu'il faut, dans une société, autre chose que des hommes, *des additions d'hommes?* Non, non ! «Nous sommes arrivés, s'écrie le
» *Journal des Débats* (mai 1853), aux temps qui sont tôt ou
» tard ceux des sociétés anciennes et puissantes, ces temps
» où il n'y a plus d'ordres ni de classes, où il n'y a plus que
» deux partis, les pauvres et les riches. Otez la richesse, votre
» ami de la veille devient le lendemain un pauvre envieux.
» Pourquoi rappeler ces mots de *bourgeoisie*, de *noblesse*,
» de *clergé*, vieux mots, épitaphes de *sépulcres blanchis?*
» La mobilité des conditions ne permet même pas qu'il y ait,
» dans notre société, ce qu'on appelait autrefois *peuple*. La ri-
» chesse et le pouvoir lui-même y passent successivement de
» l'un à l'autre comme les meubles d'un hôtel garni. Mais il
» y a aussi deux vices, l'orgueil et l'envie. Les riches sont
» insolents, les pauvres dévorés de haine. Crésus était riche.
» Quelle insolence ! quel orgueil ! quel faste dans ses bien-
» faits ! quel luxe dans sa maison ! quel oubli des autres !
» quel gonflement de soi! Aujourd'hui *Crésus* est pauvre.
» Quelle colère contre la société ! quelle amertume contre les
» riches! quel plaisir à censurer les vices dont il ne peut plus
» jouir, à dénoncer les orgies qu'il ne peut plus faire. Et
» *Lazare* le pauvre, celui que tous les sermons nous faisaient
» plaindre et nous ordonnaient de soulager, en prenant la
» fortune de Crésus, en a pris aussi tous les vices (St-Marc-
» Girardin).

Quoi! vous ne comprenez pas qu'il est nécessaire que, dans une nation puissante, il faut qu'il y ait une délimitation de

classes, non pas fictive, mais réelle, mais fortement constituée?
Vous ne voyez pas que le jour où il n'y a plus en présence
que des riches et des pauvres, il y a une guerre affreuse, une
conflagration nécessaire, imminente, à craindre? Je pourrais
arriver à la fortune, je pourrais jouir de tous les bienfaits de
la civilisation, qui m'en empêchera? Vous? le pouvoir? Mais
si nous sommes plus forts que vous? Si par une grande révolution nous arrivons à vous supplanter, n'aurons-nous pas
raison? On dit : la révolution de 1830 était la plus pure, la
plus sage, la plus douce de ces secousses redoutables qui font
tressaillir les peuples. Vous dites qu'elle était juste, que la
société combattait pour repousser la ruine de ses lois et de
son honneur. Vous le dites, parce que vous avez eu pour vous
les honneurs, les places et les richesses. Mais pourquoi la
révolution de 1848 n'était-elle pas aussi juste, aussi belle?
Le peuple n'a-t-il pas combattu pour ses droits, ses lois et sa
liberté, son honneur enfin? Vous dites : la famille, l'empire
des sentiments et des mœurs domestiques est le dernier rem-
part de la société. Mais, jeune encore, je suis obligé de quitter
la famille pour atteindre la fortune qui m'élèvera aux honneurs; je n'ai pas de famille. Singulière doctrine! il est cruel
de le dire : dans le parti orléaniste, il n'y a pas de principes
fixes, immuables. Tantôt démocrate, tantôt libéral, il tombe
tout-à-coup à désirer le pouvoir absolu. Il jette, comme le
disait un homme remarquable, ses libertés dans le gouffre
de l'anarchie; il abandonne soudain tant de droits réclamés et
exercés avec tant de bruit. Pourquoi depuis un demi-siècle à
peine le peuple français, qui n'est pas en décadence, espé-
rons-le du moins, passe sans cesse d'un gouvernement à un
autre, marche d'une révolution à une autre révolution pro-
chaine, regarde aujourd'hui comme juste un principe qu'il
considère demain comme trompeur, traîne un homme aux
gémonies, et veut ensuite le porter en triomphe? Pourquoi?
Parce que nous avons détruit, chez nous, ce qui fait la force
des nations; je le répète, la délimitation des classes, disons-le
sans crainte, parce que nous n'avons plus ni noblesse, ni

peuple, ni bourgeoisie. Une noblesse peut être orgueilleuse, factieuse; mais elle est toujours nationale, quand auprès d'elle il y a un peuple fortement organisé, qui a ses assemblées, ses réunions, son commerce, ses libertés. Si j'appartiens à une société ouvrière qui possède une puissante colonie, et qui, par là, fait de moi, simple travailleur, un homme puissant, je ne souffrirai jamais qu'un peuple étranger s'empare de cette colonie : j'armerai mes enfants, mes parents, pour défendre mes droits. Mais si dans votre société infernale où tout le monde court, s'agite sans liens, sans union, où je peux trouver dans mon ami un obstacle à mon bien-être, à mon avancement, que me fait votre liberté? Où sont mes droits? Je peux nommer un représentant du peuple, c'est là tout mon pouvoir; et c'est pour cela que je suis souverain! Oh! vraiment, c'est bien beau! Que sont pour moi des députés? Que représentent-ils? L'intérêt de ma propriété? Mais si je possède aujourd'hui, demain, comme vous le dites, je puis être pauvre, et mon député sera mon ennemi. — L'intérêt des travailleurs? de quels travailleurs? Des ouvriers en général. Mais aujourd'hui ils parlent pour moi, ouvrier; et demain, s'ils sont riches, ils parleront de m'écraser. Vous vantez ensuite la nationalité. C'est un beau sentiment, sentiment instinctif, profond chez le Français, parce qu'il vit encore de la gloire de Napoléon-le-Grand; mais cette nationalité, avouons-le, n'est qu'un amour-propre improductif. Quelle différence mettez-vous entre la volonté de Paris ou la volonté d'un prince étranger?... La France a accepté la république, pourquoi n'accepterait-elle pas la royauté? Que m'importe, à moi, de vivre sous une république, ou sous une royauté, ou sous un empire, pourvu que je vive. Je suis pauvre et j'ai à nourrir une famille, voilà mon unique occupation, et je ne comprends rien à vos libertés.

Rappelons-le sans cesse : rien n'est plus facile de détruire, chez une nation organisée comme la nôtre, que la liberté et ses droits. Car enfin la liberté qui ne représente aucun intérêt n'est pas une liberté. Qu'est-ce que la liberté de la presse à notre époque? La liberté qu'ont certains journalistes d'écrire des articles plus ou moins raisonnables. Mais moi, paysan, quel intérêt ai-je à savoir que le *Siècle*, ou les *Débats*, ou le *National* gouvernent? Si je suis ouvrier, aurai-je un plus fort salaire?

J'ai lu le récit d'un voyage en Chine. J'ai vu combien ce pauvre peuple est tyrannisé, abruti; et s'il a vécu pendant si longtemps avec ses mêmes lois, c'est, pour ainsi dire, qu'il était fait à la servitude. Des étrangers venaient, avec 100 mille hommes, gouverner un empire de 300 millions d'hommes, et cela, sans que personne songeât à résister. Pourquoi? Parce que, dans cet immense empire, il n'y a ni association, ni classes; il n'y a que des individus, et dans un pareil pays la nation est soumise ou à un homme ou à une ville.

Il n'y a pas de noblesse en Chine. Les titres paternels n'y sont pas héréditaires. Toutes les dignités de cet empire sont personnelles comme chez nous. La route des premiers honneurs et des premiers emplois est ouverte aux hommes de la dernière classe, le savoir seul donne droit aux dignités (John Barow) : maximes fort belles qui n'empêchent pas que le peuple ne meure au milieu des souffrances de la faim, que ces hommes lettrés et pleins de savoir n'extorquent indignement leurs subordonnés; et cependant cet empire n'est point barbare; il est civilisé depuis des siècles. La noblesse, le clergé, ont fait progresser l'humanité. Là où la noblesse est puissante, l'humanité progresse et marche encore. L'Angleterre a son gouvernement que nul n'a cherché à détruire; et si elle a eu sa révolution, c'était une révolution religieuse, et qui n'était nullement dirigée contre les hautes classes de la société. Notre progrès si vanté nous a-t-il rendus plus riches que l'Angleterre? Vous dites que l'établissement d'une aristocratie militaire ou bourgeoise même est impossible, que l'état de la société y résiste (*Journal des Débats*). Si cela était, ce serait un malheur; mais la masse du peuple est, malgré elle, portée à estimer, à aimer les enfants des bienfaiteurs de la contrée. Le Français est éminemment aristocratique. Si la noblesse a été calomniée, si on l'a décimée, écrasée; si les haines d'amour-propre de la bourgeoisie ont dirigé contre elle les préjugés populaires, elle est restée debout. L'histoire de nos révolutions présente un spectacle risible : au milieu d'un règne, il y a une opposition formidable qui critique, blâme les avantages de la naissance : les titres sont des jouets ridicules, l'avantage que donne la naissance est absurde; et, à peine ces hommes sont-ils au pouvoir, à peine sont-ils riches, qu'ils se font appeler barons, comtes, marquis, et ils deviennent plus ridicules, plus niais, plus sottement orgueilleux que les marquis les plus joués, les plus ridiculisés.

Oui, avec les principes qu'affichent les soi-disant libéraux du parti orléaniste, qui aujourd'hui proclament la liberté et qui demain la restreignent, qui n'ont d'autre désir que de détruire ce qui reste en France d'anciennes croyances, et qui, à la place des vieilles institutions, veulent mettre je ne sais quel amalgame de républicanisme et de royalisme, il n'y a pas de gouvernement possible. La France devient une arène où se pressent, se poussent mille ennemis : il n'y a plus de peuple; par conséquent, plus d'obéissance, plus de respect pour les supérieurs, et ces vertus, base de la société, sont des vices. Le bonheur, le bien-être, c'est la jouissance. Il n'y a plus de famille : le fils quittera son vieux père qu'il ne pourra nourrir, parce qu'il n'a rien, et que la richesse est le bien suprême. Il n'y a plus aucune religion, parce que la religion de tous n'est qu'un préjugé honteux, qu'une barrière inventée pour contenir le peuple ; et puisque le peuple est ou doit être éclairé, il n'a plus besoin de frein. Il ne peut y avoir, avec de tels principes, aucune solution possible. Qu'est-ce que le peuple? Il n'y en a plus. Une révolution victorieuse peut changer la constitution du royaume. Notre avenir est donc livré entre les mains d'une populace ameutée que ne voudront ou ne pourront contenir des soldats achetés ou trompés. Où est la souveraineté? Est-elle dans le peuple en général? Mais il y a mille peuples, ou plutôt mille factions. Caussidière et Blanqui parlent au nom du peuple comme les chambres de Louis-

Philippe. Qu'est-ce que le socialisme actuel, ce socialisme verbeux qu'on a voulu nous faire accepter? L'expression dernière de ces principes. Car enfin les chefs du socialisme, que sont-ils? Des révolutionnaires, des déclamateurs qui redisent et copient leurs devanciers devenus barons ou marquis. Que veulent-ils faire? Le devenir comme eux. C'eût été un spectacle fort curieux de voir le socialisme sortir de l'ornière des vieilles déclamations révolutionnaires. Si le socialisme s'était fait monarchique, au lieu d'être républicain, libéral, athée ou évangélique obscur, il eût prospéré et réussi. L'association des ouvriers est un fait nécessaire et qui arrivera indubitablement. La France n'a nullement rejeté les idées d'association; elle les désirait, elle les voulait; ce qui lui a fait peur, ce sont les idées révolutionnaires, les déclamations incompréhensibles des chefs de ce parti. On ne veut pas de ce que l'on ne comprend pas.

III.

Faudra-t-il m'adresser au parti Napoléonien? Mais d'abord, qu'est-ce que le parti Napoléonien? sont-ce les hommes en place, ces gens versatiles qui changent ou font semblant de changer de principes, d'affections et d'idées sous tous les gouvernements, ou plutôt qui n'ont ni affections ni principes que de s'accrocher à leur emploi? On peut dire que le parti Napoléonien est partout, et qu'il n'est nulle part. Louis-Bonaparte a su venir au milieu de la conflagration générale sauver son pays. A-t-il du génie? Il y a des gens pour lesquels louer est un besoin; ils se prosternent aux pieds de tous les veaux d'or du monde, ils saluent l'habit, et jamais l'homme. Il est certain que s'il n'a pas de génie, il a infiniment d'esprit, ce qui vaut souvent mieux. Il a su tromper et mettre dedans tous les plus forts orateurs et tous les ambitieux importants; il a défait, en un seul jour, tous les systèmes exclusifs qui rejetaient du scrutin la moitié de la France, et c'est ce qui l'a sauvé. Il s'est appuyé sur les forces vives de la nation, le soldat, le paysan, l'ouvrier, le prêtre (*Constitutionnel*, mai 1852). Il ne faut pas nous le cacher.

Le peuple français! la masse du peuple est singulièrement monarchique et religieuse, et l'a toujours été, même dans les temps les plus mauvais. Aussi tous les gouvernements usur-pateurs ont-ils cherché à faire, au milieu du pays, une société à part qu'ils appelaient *peuple*, qu'ils déclaraient *libre*, et qui, par la crainte ou la ruse, dominait le pays. Les sociétés populaires de Paris et des départements furent employées, pendant la révolution, à l'anéantissement de la religion, comme, pendant le règne de Louis-Philippe, des hommes eurent mission de corrompre le peuple. Par combien de votans la constitution de l'an III fut-elle acceptée? par 914 mille, chiffre exact, qui prouve combien souvent les pouvoirs issus des révolutions sont menteurs. Lorsque l'on nomma le directoire, deux questions se présentèrent : serait-il nommé directement par le peuple, ou par les conseils? Louvet fit observer (Cassagnac) qu'il craignait que, si le peuple était appelé à nommer ses chefs, il ne nommât un Bourbon. Le nom de *Napoléon* Ier est aujourd'hui plus populaire que le nom du roi Henri V. Napoléon, avec son énergie, a sauvé la France et l'a rendue grande. Voilà pourquoi le peuple, qui craignait pour ses intérêts, nomma Louis-Bonaparte. Mais le pouvoir de l'Empereur actuel sera-t-il durable? Examinons-le. Il est une chose certaine, indubitable, que tous les hommes de tous les siècles et de toutes les nations ont sans cesse répété: *Rien n'est plus facile à tromper que le Peuple*. Ce sont les honnêtes gens qui font les révolutions, dit chaque jour le *Journal des Débats*. Ce qui veut dire plus simplement que les travailleurs honnêtes prêtent leur concours aux menées des intrigants. Aujourd'hui, le peuple nomme Napoléon. Que demain une misère imprévue vienne affliger la nation, que les cris des méchants exagèrent, augmentent cette misère; la crainte s'empare des esprits, les révoltés se déclarent, le pouvoir est renversé! Et, d'ailleurs, supposons que Napoléon eût assez de force et d'énergie pour rester sur le trône. Son fils y resterat-il ? *Qui s'appuie sur tous, ne s'appuie sur personne.* Cela paraît un paradoxe, et c'est pourtant bien vrai. Une simple diversion de l'armée de Paris, la révolte d'un régiment suffit à faire tomber le pouvoir le plus solide. On ne voulait pas de la république en France en 1848, et cependant elle fut acceptée. Le Bourgeois de Paris, qui criait si bravement : *vive la réforme !* aimait Louis-Philippe, et le laissa tomber. Le pouvoir que donne la popularité, est le plus faible des pouvoirs ; car il suffit d'une cause fort simple, et des cris de quelques intéressés, pour tourner la tête aux hommes les plus raisonnables. Et cependant, quels sont les principes d'autorité du parti Bonapartiste ? Ils sont réellement si étranges que, certes, si Napoléon les connaissait, il ne les approuverait pas.

Voyons le premier (*Aigle*, 24 mai 1853) : « Le principe d'autorité est un réseau immense étendu sur toute la surface de la France, et dans les mailles duquel chacun, soit de sa personne, soit qu'il possède, se trouve engagé. » Diable !

Mais cela s'appelle, je crois, le despotisme. C'est un homme qui, avec son armée, gouverne et fait tout à sa volonté ; et si au lieu d'un bon prince nous avons ou une assemblée de philosophes ou un tyran, cela s'appelle *la terreur*. Car enfin, pourquoi vouloir penser qu'une nation se soulève contre l'injustice, là où il n'y a plus que des individus isolés ? Ce principe de souveraineté, c'est celui de la Chine ou de la Turquie, ou, si vous aimez mieux, celui de Néron, de Caligula. Vous dites : Napoléon Bonaparte est un grand Prince ; je le sais, et je bénis la Providence qui a permis qu'il se soit trouvé en France en 1851, et qu'il ait pris cette énergique résolution de *chasser les bavards* de la chambre ; car, au lieu de son gouvernement paternel, nous eussions pu trouver dans la première assemblée une véritable *Convention*, et la France terrifiée se serait vue ruiner une seconde fois. Mais en supposant que Napoléon soit un Marc-Aurèle, qui me dit que son fils ne soit pas un Commode ? J'aime Napoléon, mais je n'aime pas ce singulier principe d'autorité. Voyons le second, c'est le même :

« En d'autres termes, dit le journaliste, c'est une force
» organique de la société, une puissance tutélaire adminis-
» trative et dirigeante, dans laquelle tous les individus et
» tous les intérêts viennent s'abriter et se confondre. »

Qu'est-ce que cette puissance organique ? La bureaucratie ?
Mais tout le monde sait combien cette bureaucratie attache
peu d'importance aux gouvernements. Cette puissance organique, c'est aujourd'hui *vous*, demain ce sera encore *vous*
en changeant de cocarde. Mais si vous avez la dignité de
vous retirer, ce sera l'ami de Barbès ou celui de Blanqui.
Vous dites qu'avec ce principe les intérêts de tous sont sauve-
gardés, qu'il y a dans l'Etat stabilité et ordre. Oui, quand
le principe dirigeant, autrement dit le Chef de l'Etat, est un
homme d'honneur. Mais si c'est un tyran, mes propriétés
seront-elles sauvegardées? Vous me demandez : quelle liberté
donner à la nation ? Voulez-vous du régime constitutionnel
si longtemps blâmé, et qui a fini si tristement? Qui vous le
dit ? Soyons francs. Revenons aux idées de nos pères, qui sont
les idées de tous les hommes sages, et qui deviendront une
nécessité. *Que les trois pouvoirs existent, chez nous : le pouvoir du Peuple, le pouvoir des nobles, le pouvoir de l'Empereur ou du Roi.* Mais que ces pouvoirs ne soient pas vains;
qu'ils représentent réellement les intérêts du peuple, les intérêts des nobles, et les intérêts de l'empereur ou du roi.
Quelle sera cette noblesse? C'est ce que l'avenir pourra nous
apprendre.

J'ai cherché, dans la première partie de cet ouvrage, à
montrer combien il serait facile d'établir une noblesse française héréditaire, territoriale, qui ne blesserait ni l'amour-
propre national, ni l'amour-propre démocratique du pays, et
qui ne toucherait en rien à la propriété française actuellement
existante. Noblesse réellement puissante qui aurait intérêt au
maintien de l'ordre en France, et qui, par son commerce,
enrichirait le pays; aristocratie qui aurait son siége dans les
colonies, mais qui aurait aussi la plupart de ses intérêts en
France.

Il me reste maintenant à parler des sociétés ouvrières et de leur organisation ; il me reste à prouver qu'il peut y avoir un *socialisme*, si toutefois le mot n'effarouche pas trop, un socialisme praticable, parfaitement catholique, parfaitement monarchique. Soyons persuadés que l'Empereur, qui connaît son époque, saura trouver le moyen de donner à la France une sage et vraie liberté ; qu'il saura réunir les intérêts ; donner aux ouvriers des associations qui ne seront pas des sociétés secrètes, mais de véritables réunions commerciales. Soyons sûrs que, par la force des choses, lorsque le pays se sera entièrement relevé de la misère révolutionnaire, il s'établira une aristocratie véritable, qui aura dans la nation des fondements assurés.

IV.

Résumons-nous. *Le parti républicain* veut que les peuples soient tout, et les riches rien ! Il veut la guerre civile, guerre sans fin qui ne profitera qu'à un petit nombre ; *le parti orléaniste* dit qu'il n'y a pas de peuples, qu'il n'y a que des riches et des pauvres ; et il s'efforce, par son libéralisme et ses doctrines, d'inculquer aux masses la rage et la haine ; c'est ce qu'il appelle éclairer la nation ; *le parti bonapartiste* est une brillante nécessité qui ne tient qu'à la vie d'un homme, à son énergie, à son talent.

Les légitimistes sont unanimes à suivre les maximes du clergé. Je parle ici des légitimistes réellement sérieux, car il en est qui vont se promener à Frosdorf, visiter Henri V, ainsi qu'ils vont aux eaux de Wiesbaden ou de Spa, parce qu'ils sont riches, parce que c'est la mode, le grand ton chez eux. Être légitimiste aujourd'hui, c'est être d'un parti sans dangers, c'est être d'un joli genre, c'est avoir ou singer de grands airs, c'est prendre certaine manière d'être que fuit la foule, c'est une entrée de faveur dans les salons, c'est un habit de la dernière coupe. Ecoutez ce jeune baron qui rentre du Jockey-Club ou d'un café à la mode : « Ils m'ennuient ! mon cher ; ce

soir, Charles a parlé politique, cela devient abrutissant !...
Après tout, pourquoi nous occuper de toutes ces bêtises ? Ne
sommes-nous pas légitimistes et indépendants par notre fortune et notre position ? » Ces messieurs sont-ils légitimistes ?
Non ! J'appelle légitimiste ce paysan breton qui prie Dieu pour
son roi, et qui, quand on le voudra, donnera vie et fortune pour le sauver ; j'appelle légitimiste, le pauvre gentilhomme qui écrit un journal, et qui ne craint ni la prison,
ni la ruine : légitimiste sincère, ardent, véritable gentilhomme
qui pourrait dire ce qu'un Vendéen disait à un prince in-
grat : Monseigneur, nous avons combattu pour Dieu et pour la
royauté. Chez ces hommes loyaux, il y a un désintéressement
inconnu à notre époque. — Le légitimiste est encore ce grand
seigneur qui habite ses terres, répand autour de lui les
bienfaits, et fait aimer la religion et la morale. Il n'est pas
orgueilleux, mais aussi il n'est pas familier, à la mode des
démocrates de cabaret. Toujours digne, toujours sincère,
il est toujours simple, il sait acquérir l'amour des popula-
tions qui l'entourent. L'envie ne saurait l'atteindre, et il
gagne même l'estime de ses ennemis. Il gémit des maux de
son pays, et sait étudier les mœurs et les idées des hommes de
son époque. Loin d'être rétrograde, il connaît le vrai, le seul
progrès, qui est l'accomplissement du bien. Cet homme est
véritablement noble, et croyez qu'il saurait bien défendre
les libertés de son pays, qu'il saurait très bien en repré-
senter les intérêts ; et on le sait tellement, qu'en tout temps
les intrigants qui voulaient escamoter la liberté à leur profit, ont cherché à le calomnier.

Le légitimiste sincère est ce bourgeois calme, instruit, qui
pratique ses devoirs, fait le bien, élève sa famille dans la
vertu, n'a pour la noblesse aucune envie, et la respecte
comme un brillant souvenir ; sait distinguer le mérite de nos
rois, et conserve pour eux un grand amour. Cet humble
artisan inconnu qui les aime sans intérêt, n'est-il pas aussi un
bon légitimiste ? Or, que disent et que pensent ces hommes,
du pauvre peuple ? Je l'ai dit, ils en pensent ce qu'en pense
le clergé.

Jésus-Christ, disent-ils, est venu, au milieu d'une époque corrompue, enseigner aux hommes une belle doctrine ; il est né dans une humble condition, et parmi le peuple. Est-il venu pour cela soulever les nations contre les riches et les rois ? Est-il venu donner à chaque homme des idées d'indépendance et d'orgueil ? Non, sa doctrine est le contraire de ces idées. Sa doctrine est toute entière dans sa vie. Nous devons imiter ses exemples. Or, prenons cette vie sublime, et nous y verrons la conduite que nous devons suivre ; esquissons rapidement ce caractère admirable sur lequel nous devrions nous modeler pour être heureux, et d'après lequel nous devons édifier le peuple, pour être et devenir avec lui véritablement chrétiens.

Enfant, *il fut docile et soumis à ses parents* (Luc, II, 32, 40). N'est-ce pas là la force de la vie de famille, vie si vantée à notre époque ? N'est-ce pas là la famille fortement constituée, qui doit être, comme le disait un grand écrivain, la barrière du mal, la sauvegarde de la société ? Or, cette obéissance, cette docilité aux ordres de ses parents, quel moyen plus énergique pour empêcher les idées d'indépendance et d'orgueil d'entrer dans la famille ?

Il se rendait aimable à tout le monde. Charmante vertu, qui devrait rendre les hommes heureux sur cette terre !

Il passa sa jeunesse attaché à sa famille et au lieu où il avait été élevé, menant une vie libre et honnête, mais occupée et sérieuse. (Saint Matthieu, II, 29.) L'économie politique moderne est contenue dans ces quelques lignes : l'homme qui vit aux lieux qui l'ont vu naître n'est-il pas plus pur, plus sage que lorsqu'il parcourt les pays lointains ? Sa vie fut *sérieuse et occupée.* Combien d'ouvriers deviennent pauvres par leur dissipation folle, insensée ! On parle des salaires, de l'impossibilité de vivre..... Si les paysans restaient à la campagne, les jeunes ouvriers dans leur ville natale, beaucoup seraient plus heureux, et l'on ne verrait pas cet encombrement des villes qui entraîne aux révolutions. Où se trouve le bonheur ? Dans la simplicité. Le mécontentement vient de ce que l'on compare son état à celui des autres.

« Il a donné trente ans à la vie privée, pour montrer
» que le devoir général des hommes est de travailler en
» silence, et qu'il n'y a qu'un petit nombre qui doivent
» se donner aux fonctions publiques, seulement pour au-
» tant de temps que l'ordre de Dieu et la charité du pro-
» chain les y oblige. Quelles sont les vertus qu'il a le
» plus recommandées ? La douceur et l'humilité (Fleury). »

Ces maximes, qui sont cependant l'Evangile tout pur, font hausser les épaules aux libéraux, et pousser des cris de rage aux démocrates. Ainsi, si l'on suivait ces sages maximes, il n'y aurait pas tant de médiocrités *incomprises* qui végètent dans une triste position, enviant le sort de tous, et maudissant le leur.

« Il était simple et patient ; son extérieur n'était pas
» affecté ; sa vie était dure, laborieuse. Ses manières
» étaient vives, aisées, franches. Il montrait de la ten-
» dresse : témoin l'accueil bienveillant qu'il fit aux jeunes
» enfants que ses disciples voulaient repousser. Il enseigna
» toujours l'obéissance aux princes, le respect aux prêtres
» et aux docteurs, quelque corrompus qu'ils fussent, et il
» était fort sérieux. »

Quel portrait ! il est impossible à suivre. Pourquoi ? Si les hommes du peuple imitaient cette conduite, ne seraient-ils pas heureux ? Y a-t-il dans ces lignes, une seule idée du portrait qu'en font les démocrates ? Ces hommes, qui parlent toujours du Christ, savent-ils combien son humilité, sa simplicité était touchante ? Combien il aimait l'obéissance ? En résumé, l'état du peuple ne peut-il pas s'exprimer par ces trois mots ? *Obéissance, travail, patience* ! La misère ne lui sera-t-elle pas légère, quand il songera qu'un Dieu l'a partagée, et que par là il sera aimé ?

Un peuple imitateur de Jésus-Christ ne serait-il pas le plus sage et le plus juste des peuples ? Si les riches sont corrompus, faut-il que le peuple soit haineux ? Le parti légitimiste ne déteste pas le patronage des ouvriers, le soin à apporter aux habitants de la campagne ; mais malheureusement il ne s'en est pas assez occupé ; il craint de s'engager dans ces études. Il voudrait que le peuple eût ses assemblées chrétiennes et morales ; il sait combien le prêtre *véritablement prêtre*, est propre à enseigner les humbles et à les consoler ; mais il n'ose agir, il craint les criailleries du jacobinisme ; il craint vraiment ses écrivains. Les hommes énergiques et intelligents, qui sont nombreux dans ce parti, le poussent en avant ; il s'arrête, il n'ose faire le bien qu'il comprend. Je l'ai dit, beaucoup même s'occupent très peu de ce qui se passe autour d'eux ; leur égoïsme et leur amour du plaisir ne les fait songer qu'au bal de la veille, aux courses du lendemain. Voilà pourquoi il succombera, ce grand parti, sous toutes les lois, sous tous les gouvernements ; voilà pourquoi il mourra !!!

Bien des hommes sensés et profonds ont vu avec terreur la corruption des idées et des mœurs s'étendre sur la France. Le peuple, qui, même sous la *Convention*, regrettait sa religion, devient aujourd'hui impie, irréligieux ; il lit Voltaire dans ses romans immoraux. Il lit sans cesse les milliers de volumes qui se répandent partout ; il lit sans comprendre, et, chose étrange ! le clergé lui-même accélère cette corruption. Il se mêle aux libéraux, aux philosophes, aux rationalistes, à tout ce qui reste des vieilles têtes du XVIIIᵉ siècle, pour rejeter le peuple de France dans la corruption la plus monstrueuse et la plus flagrante. Il n'y a plus que deux situations : ou il faut émanciper le peuple entièrement, et en l'émancipant lui donner le moyen d'être votre égal, de participer comme vous aux bienfaits de la civilisation, à ses jouissances et à son luxe ; il faut développer son éducation, en faire des jeunes gens instruits sur lesquels la calomnie ne pourra pas mordre, qui auront par la constitution du royaume une influence et un pouvoir puissant, ou bien, il faut retrancher la demi-instruction que vous lui donnez. Car, si vous dites aux ouvriers et aux paysans : « Soyez simples, travaillez toujours, soyez sobres, — ils vous diront : Pourquoi ne faites-vous pas comme nous ? Vous mendiez des secours au peuple pour assouvir vos passions, vous attachez de l'importance à des puérilités, votre religion est toute d'intérêt, vous êtes les pharisiens de notre époque. Que répliquerez-vous ?

Je vais, dans un deuxième chapitre, examiner le danger de l'éducation populaire dans l'état actuel du peuple, et prouver qu'elle le conduit nécessairement à la corruption et à la haine de la société.

CHAPITRE II.

Aperçu général sur l'instruction populaire en France — Que l'éducation du peuple est nulle. — Ambition de toutes les classes. — Que l'instruction du peuple est insuffisante, et par là même dangereuse. — Des classes moyennes, des ouvriers, des paysans aisés qui donnent à leurs enfants une instruction inutile, puisqu'elle rend ces jeunes gens malheureux.

I.

L'instruction gratuite et obligatoire, donnons-la au peuple, tel est le vœu universel de tous. Ce désir vrai a son beau côté. Des hommes sérieux pensent cependaut que l'instruction est dangereuse. Le peuple sait lire, disent-ils ; mais cette science n'est-elle pas souvent pour lui un moyen de lire des ouvrages corrupteurs et pleins de préjugés honteux ? Le peuple sait lire et écrire ; mais n'arrive-t-il pas par là à s'enivrer d'orgueil, à désirer une place supérieure à sa condition ? *On n'a pas tout fait*, disait le baron de Gérando en 1839 ; *on n'a pas tout fait !* lorsqu'on a donné au peuple l'instruction que réclament les besoins de sa condition et les intérêts de son avenir ; il reste encore à diriger son esprit vers les choses sérieuses, et à le prémunir contre les dangers qui entourent son imprévoyance, contre les erreurs qui peuvent séduire son imagination.

Ce but de haute moralité, *l'enseignement primaire* ne saurait l'atteindre. La parole du prêtre y est elle-même impuissante.

C'est dans le sein de la famille qu'il faut poursuivre l'éducation morale commencée sur les bancs de l'école, et plus tard si malheureusement négligée dans l'âge mûr.

Telles étaient, en 1839, les plaintes des hommes sérieux. On pressentait déjà l'insuffisance de l'instruction populaire. A cette époque, il est vrai, les hommes haut placés s'efforçaient de décatholiser la France, et prêchaient d'en haut, je ne sais quelle morale mi-protestante, mi-socialiste. On voulait, à tout prix, empêcher dans chaque village l'influence légitime que pouvait acquérir le prêtre, pendant que les journaux, les romans, les chansons répandaient dans tous les rangs les doctrines les plus perverses, les plus folles, les plus haineuses. Et les chefs du gouvernement ne voyaient pas la révolution terrible qu'ils préparaient ainsi, révolution qui aurait pu bouleverser la France, si les hommes qui la dirigeaient avaient été à la hauteur de la mission qu'ils prêchaient, si enfin ils avaient eu du courage. Depuis 1848, les idées ont changé. La peur a fait ouvrir les yeux à bien des gens ; ils ont compris que la religion catholique était bonne à quelque chose, puisqu'elle enseignait aux petits la patience, l'obéissance, puisqu'elle faisait taire les haines et l'envie qu'on avait surexcitées partout. Aussi le clergé a-t-il ses écoles, ses pensionnats, et la liberté de l'instruction publique existe réellement.

On veut répandre partout l'instruction ; les paroisses s'efforcent à l'envi d'attirer chez elles, ou les frères de la doctrine chrétienne ou les maîtres salariés par le gouvernement. Il était question dernièrement de refaire le programme exigé pour les maîtres d'école ; aussitôt l'opinion publique s'est émue ; les uns disaient avec effroi : « Prenez garde, point de
» science chez des maîtres destinés à vivre pour la plupart
» entre des enfants incultes et des parents grossiers. Pensée
» d'orgueil, disproportion entre les prétentions et la réalité,
» par suite, mécontentement hostile contre un ordre social
» qui éveille l'ambition, mais ne la satisfait pas. Souvenez-
» vous, ajoutaient-ils, que les agents les plus actifs du socia-
» lisme ont été les maîtres d'école, prédicateurs ardents des

» nouvelles doctrines ; ils se sont entourés dans les campa-
» gnes de tous les insensés que leur savoir avait pu séduire;
» et si le gouvernement effrayé ne les avait pas surveillés,
» le peuple Français serait aujourd'hui presque tout entier
» livré aux plus mauvaises passions » (Extrait du *Pays*).

D'autres, au contraire, répondaient à ces craintes, les disaient puériles, exagérées, et traçaient ainsi le portrait du véritable maître d'école :

« Pour qu'un maître d'école soit autre chose qu'une sorte
» de férule vivante, pour qu'il puisse élever l'ame des jeunes
» enfants jusqu'aux sentiments de leur dignité d'hommes, il
» faut que son esprit soit supérieur, en quelque sorte, à sa
» profession même » (*Siècle*).

Mais comment connaître que le maître d'école a un esprit supérieur? Comment croire surtout qu'un homme soit assez philosophe pour aller s'enfoncer dans une pauvre campagne, lorsque par ses connaissances il pourra être dans la société au niveau des hommes qui occupent des places supérieures? Ce ne serait pas connaître l'esprit humain que de le croire dépourvu d'ambition, dépourvu d'orgueil. Voilà ce que répondaient ceux qui voulaient voir dans le maître d'école un pédagogue.

Ainsi, entre l'ignorance et la science, quel parti prendre? Doit-on faire de ces jeunes gens, destinés à vivre dans l'obscurité, des hommes supérieurs, ou bien, faut-il leur donner quelques vagues et obscures notions des sciences, et exiger *réellement* une *haute* moralité? Mais comment les prémunir contre les mauvaises doctrines? Est-il croyable qu'ils ne se trouveront pas enflammés par les écrits des novateurs modernes? Leur position est précaire, malheureuse. Il n'y a pas de paysans plus pauvres qu'eux. Voilà ce qui est évident. Mais si on augmente leurs appointements, c'est grever le budget de dépenses immenses; et cependant il est évident qu'un changement politique apporterait à leur position un surcroît de bien-être... Quelques hommes ont pensé que la seule instruction qui convient au peuple serait celle que pourraient lui donner *les frères*. Les frères appartiennent à un corps religieux. Leur mission est toute de dévouement; il faut de l'abnégation pour vivre au milieu des enfants; il faut, pour que les enfants puissent aimer et pratiquer la religion, que les maîtres qui les instruisent soient sincèrement religieux : car enfin n'est-il pas évident que l'exemple vaut mille fois mieux que les préceptes? Si donc on veut apprendre aux enfants du peuple le vrai courage, la douceur, la bonté, l'obéissance aux lois du pays, la soumission à leurs maîtres ou à leurs patrons, il faut que le maître qui les instruit soit lui-même parfaitement convaincu des vérités qu'il avance. Ainsi, il est certain que les meilleurs maîtres que l'on puisse donner aux enfants du peuple, ce sont des hommes religieux.

Admettons-le. Eh! bien, je veux prouver que, quand bien même l'enfant du peuple recevrait l'instruction des hommes religieux, je veux prouver que l'instruction est pour lui un danger, parce qu'elle est inutile, n'étant pas assez développée ou étant trop développée. Voyons-le.

II.

A sept ans, l'enfant commence à apprendre à lire et à écrire; il quitte de bonne heure la maison paternelle, et s'en va flânant le long des chemins et des rues vers l'école. Là, pendant deux heures, on le tient enfermé dans une salle plus ou moins grande, plus ou moins propre. Pendant deux heures, il s'efforce de faire des niches à ses camarades, regarde voler les mouches, et récite, en tremblant, la leçon que le maître lui a ordonné d'apprendre. Quelle influence le maître a-t-il sur son jeune auditoire? Peut-il examiner les penchants, les habitudes de celui-ci ou de celui-là? Et cependant, qu'est-ce qu'on appelle éducation? N'est-ce pas justement le redressement des mauvais défauts naturels à l'homme? Elever un enfant, n'est-ce pas lui apprendre à dompter ses penchants? Chaque âge a ses défauts. Dans l'enfance : la gourmandise, l'envie, la colère, la paresse et l'orgueil toujours. Que dire des mauvais exemples qu'il trouve partout et à chaque pas ? En classe, il apprend la lecture et l'écriture, c'est bien! Mais est-ce là tout ce que l'homme doit savoir. Bah! dira-t-on, ce sont des raisons bien pauvres, bien puériles : l'enfant du peuple peut trouver la corruption partout, mais il ne peut recevoir, dans sa famille, l'instruction ni même l'éducation qu'il reçoit à l'école. Soyons vrais : les joies saintes de la famille, les mœurs pures se trouvent aussi bien dans la pauvreté que dans la richesse, quand la débauche aveugle et la mortelle corruption ne viennent pas changer la misère en honte et la plainte en blasphêmes; et d'ailleurs n'avons-nous pas dans la société chrétienne une école toujours ouverte à tous les hommes, école vraiment morale, vraiment philosophique? Vous riez, Messieurs les républicains, vous allez crier au despotisme, à l'intolérance; vous allez rappeler les plus mauvais jours de notre histoire, évoquer les spectres fantastiques de l'inquisition et des papes ; mais franchement, n'est-ce pas cette morale évangélique que chaque dimanche le prêtre explique, qui rend le peuple vertueux ? L'enfant du peuple devenu homme lit souvent, écrit quelquefois, ou bien il a oublié, ce qui arrive souvent, tout ce qu'on lui a appris avec tant de peine; et alors il se trouve tout juste au même niveau que celui qui n'a jamais été à l'école. Mais s'il a conservé les notions des connaissances qu'on lui a données, c'est admirable! Cet enfant est élevé à la dignité d'homme et de citoyen? Ne sait-il pas lire et écrire ? Ne sait-il pas faire de nombreuses additions, écrire ses marchés sans l'aide de personne? Voyons! suivonsle dans sa nouvelle vie. A l'atelier, il travaille ; aux champs, il laboure. S'il ne sait pas lire, le dimanche il ira boire au cabaret, c'est probable, c'est même certain. Mais jamais il ne mettra en doute la science du curé ni celle du juge de paix. Il s'inclinera devant leur pouvoir, il aura pour eux ce respect craintif d'un enfant pour son père; il aimera à leur demander conseil. Leur présence ne sera pas pour lui un sujet d'envie. Jamais il n'osera se mettre dans la tête qu'il est capable de remplir la fonction qu'ils occupent. Si dans son village il y a une réunion d'hommes vertueux et sages, présidée par le curé, il cherchera peut-être à en faire partie. Du reste, son travail l'occupera tellement qu'il ne songera pas à autre chose.

Mais s'il sait lire et écrire, il lira donc. Que lira-t-il? des traités sur l'agriculture; ou, s'il est ouvrier, des dissertations sur son état?... Vraiment, il n'y comprendrait rien! Non, il lira des romans. A l'atelier, il se fera le propagateur des idées du romancier en vogue. Or, voyons, en peu de mots, la haute moralité qu'on trouve dans ces romans. Car enfin, je le répète, quels livres lira-t-on dans un atelier? Un livre qui excitera les esprits, qui dira, ce qui est un peu vrai, que le riche emploie le pauvre d'une manière atroce, qu'il jette par son industrie exagérée, une multitude d'hommes sur le pavé; un livre qui flattera toutes les passions du peuple, son esprit guerrier, son instinct loyal; mais qui présentera comme l'obstacle le plus insurmontable au bonheur universel, le riche, le noble, le bourgeois; un livre enfin qui promettra des espérances immenses. On chantera donc à l'atelier, on lira toutes les productions, on croira tous les préjugés les plus insensés, les plus fous. Le héros des romans est toujours un type. Souvent c'est un pauvre ouvrier qui lutte contre un riche méchant et orgueilleux; et comme le roman prend ses types dans notre époque, comme il habille ses héros et ses héroïnes des vêtements de l'époque, il résulte que l'application peut s'en faire facilement, et que le pauvre homme qui a le malheur de ressembler, par ses habits ou son visage, à *Rodin* ou à *Jacques Ferrand*, est un monstre. Ses richesses viennent d'une mauvaise source; il est capable de commettre tous les crimes. Il arrive que le peuple se passionne facilement pour ces types qui sont lui. Il se fera même un type; il deviendra rêveur comme Agricol, socialiste comme lui. Il aimera une jeune grisette gracieuse comme Rigolette, qui certes deviendra sa maîtresse, mais jamais sa femme. Qu'on s'imagine donc que la France entière sache lire; et qu'elle lise ces milliers de volumes de toute grandeur, de toute couleur, qu'on jette dans les ateliers et dans les campagnes:

je le demande, ne serait-elle pas corrompue? On dira que la lecture est un bien, que savoir écrire est un progrès. Oh! sans doute, si, simple et confiant, l'homme du peuple lisait des livres sages et vertueux , s'il se contentait d'une vie obscure, des plaisirs si purs de la famille; mais au milieu de l'effervescence de notre époque, aujourd'hui, où l'indépendance est une vertu, le mépris des lois une bonne chose; aujourd'hui, où le peuple sourit en parlant de la simplicité, de la naïveté de nos pères, savoir lire et écrire, n'est-ce pas un danger? Je sais que ces idées paraîtront exagérées; on dira que, depuis quarante ans, les efforts de tous les hommes graves se sont portés vers la diffusion des lumières; que partout ils ont cherché à élever des écoles. Eh bien ! qu'on jette un coup d'œil sur la France. Quels sont les départements où le mépris de la religion, où la corruption des mœurs est devenue générale? Ceux qui savent lire. Quels sont au contraire ceux où la simplicité primitive, où la pureté des mœurs s'est le mieux conservée? Ceux qui ne savent pas lire. Ces ouvriers, qui pensent connaître l'histoire parce qu'ils ont lu Alexandre Dumas, qui s'écrient que le catholicisme est mort, et qui mêlent les idées les plus grossières aux choses saintes, sont-ils éclairés? Ils savent cependant lire. Je suis instruit, je ne veux pas être fanatisé par les prêtres. Ne sont-ce pas là les paroles que chaque jour on entend répéter dans le peuple? Ces milliers *de voyageurs, qui se jettent dans une vie nomade avec toute l'ivresse de la folie indépendante,* savent aussi lire et écrire.

Mais supposons au contraire que l'enfant du peuple poursuive son éducation jusqu'à l'âge de vingt ans; supposons que, pendant ce long espace de temps, l'organisation de l'instruction lui permette en même temps d'apprendre un état, de compléter par l'étude de quelque science les connaissances qu'il possède; que, pendant ce long espace de temps, des maîtres sages et vertueux lui apprennent réellement la véritable sagesse qui se trouve dans la religion et la morale, on peut dire que ce jeune homme sera réellement digne d'être homme, et qu'il se sera élevé à la hauteur du citoyen.

Comment, dira-t-on, que voulez-vous? Faut-il donner à l'enfant du peuple cette instruction bâtarde qui fait aujourd'hui tant de dupes? Cette instruction exagérée, puisqu'elle n'est pas en rapport avec la position qu'occupent ou que peuvent occuper les malheureux qui la reçoivent! Dieu m'en garde? Il n'est que trop vrai de dire que c'est la soif de l'instruction qui perd notre époque. Mais, ou il faut laisser le peuple dans l'ignorance, ou il faut développer son instruction; le prémunir de bonne heure contre les dangers qu'il rencontrera dans le monde. Quelles seront donc ces études nouvelles. Qu'on me permette auparavant de jeter un coup-d'œil sur l'éducation, ou, ce qui est plus vrai, sur l'instruction que reçoit la classe moyenne.

III.

Des classes moyennes.

Arrivons, arrivons! mais où donc? Eh! quoi? Ne le savez-vous pas? Êtes-vous si en arrière du progrès que vous ne sachiez pas qu'aujourd'hui tout homme arrive par son énergie, son activité, aux plus hautes dignités? Que là seul est le bonheur? Et que si l'activité et l'énergie ne suffisent pas, il y a l'intrigue et les protections qui vous conduisent? Mais voyons, honnête paysan, marchand paisible qui as acquis ton petit avoir dans le commerce en te privant, chaque jour, chaque heure, du nécessaire, où diable veux-tu faire arriver ton fils? — Où? Monsieur, où? Mais mon fils peut devenir ministre, maréchal de France; le comprenez-vous! Ce jeune homme quittera la pauvre demeure de son père pour des palais somptueux; il sera ma gloire, il protégera mes vieux jours. Quel avenir! monsieur, quel avenir! — Fort bien. Mais songe bien, brave et honnête homme, songe bien qu'il n'y a en France que peu de places, que le gouvernement n'en peut pas augmenter le nombre, que bien au contraire il doit tendre tous les jours à diminuer les fonctionnaires pour épargner l'argent que dépense le trésor fort inutilement.

Marchons, marchons toujours, heureux qui arrive! malheureux qui succombe! — Mais si vous n'arrivez pas au but; si, brisé dans la lutte, vous êtes obligé de vous retirer, comment ferez-vous pour vivre? Vous aurez tout dépensé; toutes vos ressources seront épuisées! — Marchons, marchons, nous chercherons alors ce que nous pourrons faire.

Ainsi s'avance le torrent. Chaque année, des milliers de jeunes gens sortent des écoles, des colléges, pour atteindre ce que l'on appelle une position sociale. Chaque année des milliers de jeunes gens entrent dans le monde avec une éducation faussée, puisqu'elle leur a donné des goûts, des désirs qu'ils ne peuvent satisfaire. Un charmant romancier Alphonse Karr transcrit ainsi la manie de l'époque : « M. Lecberg avait fait comme beaucoup d'autres. Il avait voulu élever ses enfants au-dessus de sa position et de lui-même. Manie de cette époque, qui fait du pays entier une pépinière d'avocats, de médecins et de poètes, avocats sans causes, médecins sans malades, poètes sans lecteurs. En effet, il y a aujourd'hui plus d'avocats que de procès, plus de médecins que de maladies. L'envie a imaginé le beau nom d'*Egalité*, au moyen duquel elle se pavane avec impudence. Sous prétexte d'égalité, on se hisse jusqu'aux marches supérieures en marchant sur la tête des égaux. Le bourgeois exige l'égalité avec le grand seigneur, mais repousse brutalement la prétention de l'ouvrier qui veut être son égal : et partout l'inégalité demeure. »

Mais comment faire renaître dans l'esprit de tous, la modération et la sagesse? Le clergé a ouvert ses écoles ; fort bien ! mais le gouvernement a-t-il augmenté le nombre des places dont il peut disposer? Louis-Napoléon a dicté des lois sages et sérieuses qui doivent mettre un frein à l'exagération des études classiques, en livrant aux jeunes gens les carrières commerciales. Le mal est-il diminué? C'est une pierre un peu plus grande que les autres jetée au milieu d'un torrent : elle l'arrêtera un instant; mais bientôt rompant ses digues, il s'élancera plus furieux, plus bruyant.

Augmenter le commerce, et par là augmenter les places dont il peut disposer, c'est le seul but que nous devons nous proposer. Mais si vous augmentez le commerce pour vous seuls, bourgeois, capitalistes, arriverez-vous donc à arrêter le torrent qui vous menace de toute part. Clergé, riches, bourgeoisie et noblesse, pouvez-vous dire au peuple : *tu n'iras pas plus loin*? Travaille, car le travail est une nécessité. Les hommes ont tous été condamnés à souffrir. Sèche tes pleurs, un jour tu seras consolé. Mais le peuple vous répondra ce que vous avez déjà entendu, vous vous en souvenez, messieurs : « A nous les peines, à nous les larmes, » à nous les fers, à nous le travail; à vous le bonheur, les » doux loisirs, les jouissances!... Non, non, car la richesse » dont vous êtes si fiers, elle nous appartient; c'est le fruit » de nos labeurs, c'est en nous exploitant que vous nous » l'avez ravie ! »

Vous nous dites que nous pouvons arriver comme vous; mais il n'y a qu'un prix à gagner, et nous sommes là cent hommes affamés, haletants, furieux, qui voulons l'avoir.

Des places, des places, il nous faut des places ! s'écrie à son tour la classe moyenne. Nous avons épuisé la fortune de nos pères pour avoir de l'instruction, nous sommes capables de remplir vos emplois. Voyons, écartez vos rangs; il faut que nous puissions, nous aussi, participer au festin du budget ; et si vous ne le voulez pas, nous irons dans la rue chercher l'émeute, qui brisera les portes de votre gouvernement, et nous y placera nous-mêmes. Bourgeois, noblesse, clergé, vous tous, riches, que répondrez-vous ? Travaillons, travaillons, occupons le peuple. Mais vous ne le pourrez pas. Entendez-vous bien, êtes-vous assez riches pour jeter votre argent dans des spéculations souvent infructueuses ? Ne voyez-vous pas que le partage des biens rabaisse toujours vos enfants au niveau des classes moyennes, et que chaque jour les grands emplois vous sont impossibles? Vous tremblez, messieurs les bourgeois, vous craignez de prendre dans le monde une position nette et tranchée ; vous craignez l'Angleterre.... Continuez, et bientôt l'Angleterre et l'Amérique chasseront de leurs marchés vos denrées, vos produits manufacturés. Chaque année, sous vos yeux, l'Angleterre conquiert et subjugue les peuples les plus riches du monde ; chaque année son commerce grandit, et vous êtes forcés d'avouer que ses relations extérieures sont plus nombreuses que les nôtres. Vous ne voulez pas admettre le peuple aux bienfaits de votre exploitation... Et mais... comptez-vous. Combien êtes-vous auprès de la masse qui vous entoure, et qui, tous les jours, lit, entend lire et chante que vous êtes des monstres, et que vous voulez l'écraser. L'Empereur existe. Son gouvernement légal, ferme, énergique, saura sauver la France sans doute. Mais, je l'ai dit, ce n'est qu'un homme, il n'a qu'une vie, son armée peut être corrompue.

Supposons, au contraire, que vous fassiez ce simple raisonnement. Le Français a soif de richesses ; le peuple, les classes moyennes cherchent à s'élever. Eh bien, tendons-leur la main, entourons-nous d'eux, rendons-les aussi riches que nous. Nous ne sommes que quelques centaines de mille, nous serons alors plusieurs millions. Nous aurons à nous les destinées du monde. Pourrons-nous craindre l'Europe ? Nullement. Organisons donc de véritables sociétés populaires où la liberté existe, liberté véritable, puisqu'elle sera fondée sur l'intérêt.

CHAPITRE III.

ASSOCIATIONS OUVRIÈRES.

Quelques idées sur l'organisation ouvrière. — Associations. — Comment pourrait-on organiser ces associations ? — Leur richesse, leur avenir.

I.

Une des choses qui effraient le plus non-seulement les capitalistes, les propriétaires, mais en général le pays entier, c'est la manie qu'ont eue certains législateurs de vouloir briser violemment ses usages et ses habitudes. L'établissement dans un grand Etat d'une chose raisonnable, reconnue bonne, applicable, se fait difficilement. Ainsi, par exemple, l'unité des poids et mesures rencontre, même de nos jours, des obstacles véritables au sein de la population. L'homme n'agit que par habitude; il fait comme faisait son père, sans s'inquiéter si c'est bon ou mauvais. Mais si, au lieu d'une chose bonne, on veut établir une idée qui est contestée, un projet financier qui n'est pas compris, il résulte une terreur panique dans la production et la consommation qui arrête l'essor du commerce, qui brise, anéantit la prospérité du pays, et donne en résultat la misère. Voilà pourquoi le socialisme de 1848 a échoué complétement. Ses désirs étaient en désaccord avec les mœurs et les habitudes de la nation, il n'était pas compris.

La partie intelligente de la société, disons-le tout haut, les capitalistes, comme les industriels, comme les propriétaires, se voyaient à la veille d'être dépossédés par l'impôt progressif du citoyen Proudhon, par l'impôt forcé de Barbés. Ce n'était pas du tout bien rassurant. D'un autre côté, les fonctionnaires de l'Etat, receveurs, douaniers, officiers de l'armée, qui entendaient parler d'abolition d'impôts, de douanes et d'armée, n'étaient nullement disposés à embrasser ces idées incompréhensibles ou incomprises. Et cependant, ce sont ces hommes haut placés qui conduisent et qui dirigent le pays; ce sont eux qui forment l'opinion publique. Essayons donc de montrer une organisation ouvrière qui ne détruirait rien aux habitudes actuelles, qui, loin de vouloir attenter en rien au capital ou à la propriété, lui servirait au contraire d'aides et de soutien.

Souvenons-nous toujours de ce que disait un homme détesté, mais qui était vrai dans cette circonstance : « Le travail » pourrait être garanti, si la production avait un débouché » sans limites. Si le travail pris dans sa collectivité était con- » tinuellement plus demandé qu'offert, il est évident que la » garantie du travail existerait; elle n'aurait pas besoin des » promesses de l'Etat; elle ne compromettrait pas la liberté » et l'ordre. »

Qu'est-ce donc qui pourrait nous empêcher d'avoir en nous-mêmes un pareil débouché ? La puissance de consommation dans la société comme dans l'individu est infinie; et si la plus grosse fortune ne suffit jamais à un homme qui sait vivre, quelle pourrait donc être la consommation d'un pays où l'amour du bien-être, le goût du luxe, le raffinement des mœurs sont poussés à un aussi haut degré qu'ils le sont parmi nous? Si la faculté de consommer était donnée, dans ce pays, dans la mesure de ses besoins? N'est-il pas évident que si, au lieu du produit chétif de 10 milliards, qui ne donne guère à chacun de nous que soixante-et-quinze centimes par jour, il nous était permis de dépenser 100 milliards (environ sept francs par tête par jour), nous les dépenserions? (Discours de Proudhon à l'assemblée nationale, 31 juillet 1848).

Je reviens ici aux idées que j'ai si souvent répétées. Comment arriver à augmenter cette production, et cela sans communisme, sans impôts progressifs, sans révolutions? D'une manière tellement simple, que la nation entière s'y porterait avec joie. Que tous les riches, comme tous les pauvres, seraient heureux de cette organisation ! Essayons de l'établir.

Résumons encore ce que nous avons dit jusqu'ici et dans la première partie :

1° Nous avons établi que les peuples ne pouvaient pas être égaux ; qu'un peuple qui dominerait plusieurs autres serait plus puissant qu'eux : et cela est incontestable.

2° Nous avons représenté le caractère français comme éminemment guerrier ; nous avons cherché à prouver qu'il ne se jetterait jamais dans le mouvement commercial du monde autrement que par la guerre, et que c'était par la guerre seulement, et surtout par la guerre maritime qu'il pourrait répandre au loin ses arts, sa civilisation, son esprit.

Dans la deuxième partie, nous avons examiné les différents partis ; ce qu'ils pensaient du peuple ; comment ils voulaient établir son bonheur, et par quels moyens ils pouvaient ou voulaient arriver à augmenter sa richesse. Le parti républicain nous a conduits à la guerre civile ; le parti orléaniste sans doctrines, sans principes, a constaté l'état actuel de la société, qui est l'antagonisme des riches et des pauvres ; le parti légitimiste et le clergé veulent que le peuple reste dans un rôle passif ; qu'au lieu d'exciter en lui l'amour des jouissances, le désir du bien-être matériel, on le prémunisse contre ces désirs insensés, qu'on lui fasse enfin aimer sa misère et ses privations, en le moralisant ; et ce même parti excite en lui, par l'instruction qu'il lui donne, excite ses désirs et ses appétits. Il défait d'une main ce qu'il établit de l'autre.

Nous sommes arrivés à cette conclusion : ou qu'il fallait détruire l'instruction (ce qui est impossible), ou l'étendre, l'augmenter tellement que l'enfant du peuple eût assez de connaissance, assez de science pour être à même de savoir distinguer la vérité de la calomnie, de ne pas se laisser dominer par les préjugés. Nous sommes arrivés enfin à montrer la nécessité d'établir de nombreuses écoles professionnelles où l'enfant du peuple, paysan, ouvrier, pût trouver le moyen d'apprendre un état manuel, tout en suivant des cours d'histoire, de géographie, de mathématiques, de physique, de chimie : école où l'étude de la morale et de la religion serait considérée comme la première et la plus importante des études. Mais pour ne pas tomber dans le gouffre de l'utopie, pour répondre à cette question bien simple que tout le monde pourrait m'adresser : mais si vous faites des savants de simples ouvriers, vous allez les rendre orgueilleux, insupportables, vous allez troubler l'ordre politique actuel ; je veux arriver à prouver que cette instruction si développée sera la conséquence nécessaire de leur état ; que puisqu'ils sont devenus riches et puissants, il sera nécessaire de leur donner une éducation utile, grande, libérale en un mot. Je veux arriver à faire de l'ouvrier français un artiste habile, le modèle des ouvriers européens. Je veux que les produits de l'industrie française soient désirés par toutes les nations, reçus dans tous les marchés. Je veux qu'il soit possible de prouver qu'on peut être poli, gracieux, instruit, tout en étant ouvrier; qu'on peut parler grammaire, histoire, littérature, philosophie le soir, et le matin faire des souillers, ou manier la lime.

A notre époque toute de commerce, où l'Asie, la Chine si lointaine est devenue notre voisine, à notre époque, où l'art de produire est devenu une science, un peuple de marchands et d'ouvriers fortement organisé se rendrait le maître du monde. Montrons donc la base de cette simple organisation, et répétons encore que nous ne voulons nullement rien détruire dans l'ordre existant des choses ; que les transactions, le commerce se feront comme aujourd'hui ; mais que ce que nous trouvons odieux, ce que nous voudrions détruire, c'est l'égoïsme, la mauvaise foi d'un côté, ce que l'on appelle finesse commerciale, et de l'autre la haine, l'envie, la révolte et la guerre. Ce que nous voudrions détruire, c'est l'individualisme, qui enfante toutes les révolutions.

II.

Nous avons dit, dans la première partie, que la France aurait un grand nombre de colonies ; nous avons même expliqué l'organisation de ces colonies. Eh! bien, supposons que les sociétés ouvrières de France possédassent de ces colonies, que les impôts directs et indirects de ces contrées appartinssent à ces sociétés, ne serait-ce pas une grande richesse ajoutée à une grande richesse?

Expliquons-nous : Il y a en France une multitude d'industries diverses ; mais presque toutes ces industries peuvent se rattacher à un centre commun. Ainsi, il est clair qu'on pourrait donner le nom d'industrie *linière* à tous les milliers d'états qui exploitent la toile, et qu'on pourrait réunir par un intérêt commun tous les ouvriers de ces différents états, depuis le simple tisserand jusqu'à l'artiste élégant qui trace sur la toile ces desseins si variés que nous admirons sur les rideaux de nos fenêtres et sur le vêtement de nos femmes. On peut donc affirmer qu'en groupant d'une certaine manière les industries françaises, on pourrait obtenir plusieurs sociétés principales ; et en donnant à chacune de ces sociétés une colonie puissante et riche, on arriverait à en faire une sorte de gouvernement dans un gouvernement, gouvernement qui aurait une richesse immense, qui aurait sa marine, ses armées, ses écoles, ses musées, ses assemblées, gouvernement dont l'aristocratie serait naturellement, nécessairement composée des grands capitalistes, des grands fabricants, des grands industriels, de la noblesse agricole et territoriale héréditaire des colonies, dont la bourgeoisie serait aussi nécessairement les ouvriers, artistes, artisans instruits et riches qui, par leurs délégués, par les chefs de leurs écoles, auraient une immense influence, une véritable liberté démocratique ; gouvernement qui aurait un peuple obéissant, simple, confiant, véritablement attaché par la religion, la douceur et l'intérêt à ses maîtres ; un peuple qui serait agricole dans les colonies, manœuvre et domestique en France, attaché soit aux écoles, soit à l'industrie.

Offrons un tableau général de ces différentes possessions :

LE ZANGUEBAR a une population actuelle d'un million d'habitants. Il peut livrer au commerce l'ivoire, la gomme, l'antimoine, le vitriol. — La capitale est Magadoxo, située à l'embouchure d'un fleuve. Cette ville pourrait devenir puissante. En représentant actuellement l'impôt de cette population à 6 fr. par tête, l'impôt du commerce à 4 millions, on obtiendrait, sans exagération, un chiffre de 10 millions.

L'ABYSSINIE. Population actuelle : 4 millions. Commerce : poudre d'or, ivoire, plumes d'autruche. Ville : Gondar, 50,000 habitants. Port : Durora ; il peut devenir très important.

L'impôt probable, relativement à sa population et à la donnée approximative déjà prise pour le Zanguebar, pourrait être de 28 millions.

LA NUBIE. Population : 2 millions d'habitants. Commerce : bois de Sandal, d'ébène, or, ivoire. Ville, MARAKAH, qui compte 50 mille habitants. Impôt probable : 16 millions au moins.

MAROC. Population : huit millions d'habitants. Revenu actuel : 22 millions. Commerce : manufacture de soieries, cuirs, broderies d'or et d'argent, laines, grains, dattes. Villes connues. Impôt probable : 50 millions.

Ces quatre pays appartiendraient à quatre sociétés réunies, comme, par exemple, l'horlogerie, l'orfèvrerie, les cuivres, bronzes, et la passementerie. Ces industries diverses produisent par année, actuellement, une somme égale à 153 millions, savoir : l'horlogerie, 25 millions ; l'orfèvrerie, 80 millions ; la passementerie, 10 millions ; et le cuivre 38 millions. Or, le commerce étant plus étendu, la proportion augmentera, et le nombre des ouvriers étant le même, les gains seront plus forts. En jetant un coup-d'œil sur les revenus provenant de la colonie, nous avons le chiffre de 104 millions de francs, et nous trouvons que la première classe, c'est-à-dire les industriels, les manufacturiers et les fabricants, peuvent avoir dans la rente un revenu net de 2,000 francs, et nous mettons le nombre de ces divers industriels au chiffre très grand de 10,000 hommes ; que la deuxième classe : artistes, petits marchands, ont 850 francs, et nous portons le nombre de cette catégorie à 40,000 ; enfin, que le reste des ouvriers, quel qu'il soit, en les plaçant au chiffre énorme de 80,000, participent chacun pour 350 francs à ces produits, et il reste encore à la société 20 millions, qui servent à soutenir 10 écoles, placées dans des centres différents. Dix écoles subventionnées largement par la société, où les enfants des associés, nourris, habillés, logés gratuitement, apprendront un état manuel en même temps qu'ils étudieront l'histoire, les sciences exactes et les arts dits d'*agrément* ; arts qui, chez tous les peuples anciens, ont été jugés nécessaires. Et comme toute

institution qui a sa base dans le pays est forte et durable,
la société s'efforcera d'établir autour de chaque école une
propriété inaliénable, qui sera, si l'on veut, la propriété de
tous ; qui, en définitive, sera le bien légitime de ce peuple in-
dustrieux. En admettant que la société fasse un grand sacrifice
en dépensant par an un million pour chaque établissement,
j'obtiens le chiffre de 10 millions. Le bureau central siégeant
à Paris, les ambassadeurs chargés à l'étranger d'augmenter
le commerce de la compagnie, l'établissement de cinq grandes
lignes de bateaux à vapeur, je compte les dépenses à 12
millions : suis-je au-dessous de la vérité? Est-ce que j'établis
ici un rêve invraisemblable? Est-ce que j'attaque la propriété, le commerce? Les spéculations privées seront-elles
abolies, par le fait seul que les intérêts divers seront intéressés à l'agrandissement de la société? Les fabriques d'horlogerie, les mines, les exploitations de cuivre, seront-elles
abolies, parce que les chefs de ces vastes industries pourront
acheter dans leurs colonies le cuivre à meilleur marché? Les
ouvriers de ces diverses industries travailleraient-ils moins,
parce que leurs patrons seront toujours sûrs de faire travailler? De livrer au commerce des commandes incessantes?
Tous, travailleurs, artistes, fabricants, seront-ils moins heureux, parce qu'ils auront l'assurance de toucher chaque année
une rente importante, qui croîtra en raison directe de l'a-
grandissement de la société? La liberté, ou ce qu'on appelle
aujourd'hui l'esprit démocratique, sera-t-il détruit, lorsque les
délégués des ouvriers seront réellement les représentants des
intérêts de chacun? L'homme du peuple sera-t-il jeté dans
l'ignorance, parce qu'il aura passé dix ans de sa vie au
milieu de maîtres instruits, agréables, qui lui enseigneront la
morale et les sciences?

Mais l'armée chargée de faire ces conquêtes, où la trouver?
et les frais, qui les paiera? Une armée de 200 mille hommes,
divisée en quatre corps, serait suffisante. Ces côtes ne sont
point éloignées des nôtres. D'ailleurs, chaque compagnie sera
solidaire l'une de l'autre. L'Etat, le tuteur naturel de la

France, pourra faire les premières avances; plus tard, ces impôts augmenteront nécessairement. Un jour arrivera où cette compagnie pourra elle-même entretenir son armée, et payer à l'Etat une redevance; et si l'on a bien compris l'organisation coloniale que j'ai développée dans la première partie, on comprendra que l'armée d'occupation, très forte d'abord, tend à diminuer sans qu'on soit obligé de la faire revenir en France, qu'elle rentre dans le pays et s'y incorpore; qu'un jour, et ce jour tendrait chaque année à se rapprocher, le pays serait défendu par les soldats français qui y auraient des propriétés, que l'armée qui ferait le service serait très peu nombreuse, et qu'enfin tout ce vaste déploiement militaire de la conquête deviendrait un énergique instrument de paix. 100 mille hommes d'armée et 10 mille marins seraient suffisants pour le maintien de l'ordre dans ces contrées guerrières. Croit-on qu'un jour la société ne puisse elle-même entretenir cette troupe? Sans nul doute.

Mais continuons le tableau. Nous avons commencé par faire mention de pays sauvages, habités par des peuples guerriers, où la conquête devra être difficile, où les frais de la première dépense ne seront pas compensés; mais si nous jetons les yeux sur d'autres contrées, nous arrivons à un résultat tellement étonnant, qu'il effraie l'imagination.

Indo-Chine, Chine.

Royaume de Siam. — Population : 4 millions d'habitants. Revenu : 40 millions.

Empire d'Anam. — Population : 2 millions. Revenu : 90 millions.

Presqu'île de Malaca. — Revenu : 10 millions.

Le commerce de l'Indo-Chine est très grand. Le coton, la soie, l'étain, le bois de Lek, le bois d'Aigle et de Sandal, la gomme-laque, le cachou, l'huile, le sucre, le poivre, le riz, le café, l'indigo, l'or, l'argent, le marbre, sont les productions de ce pays, qui renferment une population immense et des villes importantes : Hue (empire d'Anam), de 100 mille habitants ; Saingong, de 180 ; Bangkok, du royaume de Siam, de 80 mille, etc. Les rois de cette contrée tyrannique et méchante écrasent leurs peuples d'impôts, et méprisent le nom et le drapeau de la France.

La Chine. — Population : 300 millions d'habitants. Revenu : 1 milliard 584 millions. Dépense : établissements civils : 1,773,333 livres sterling. — Etablissements militaires : 50 millions de livres sterling. — Maison de l'empereur : 14 millions de livres sterling

La dépense annuelle affectée à l'entretien de la troupe est d'un milliard 250 millions. L'Empereur Napoléon 1er a vaincu l'Europe avec moins d'argent. Avec trois cents millions, on aurait une marine admirable qui communiquerait avec ce pays immense. On aurait une armée qui contiendrait ce peuple timide. On s'attacherait la population en entretenant les routes et les canaux, en créant ces voies ferrées qui font l'admiration de l'Europe. On laisserait aux mandarins leur dignité, tout en les empêchant de violer la liberté des particuliers ; et l'Empereur, allié des Français, serait soumis à leur influence directe. Les généraux de notre armée deviendraient de grands seigneurs, et la puissante compagnie ouvrière serait la suzeraine de l'empire. Cette société comprendrait l'exploitation des laines, les soieries, les cotons, l'ébénisterie, la chapellerie, la draperie, la librairie, la parfumerie, etc.

Cette grande compagnie, formée de différents bureaux, posséderait et l'Indo-Chine et la Chine, et elle aurait un revenu immense. Car enfin, que faudrait-il de soldats pour maintenir l'ordre dans ce pays? 300 mille Français, n'est-ce pas un chiffre plus que suffisant pour bouleverser vingt empires chinois? Or, en mettant à 3 fr. par jour la dépense de chaque homme (chiffre toujours exagéré, puisqu'il représente le matériel, l'armement, le passage et la paie des officiers), nous arrivons au nombre de 270 millions pour 300 jours ; et, en évaluant à 120 millions les dépenses affectées à la marine militaire, nous arrivons au chiffre de 390 millions ; mais en retranchant cette somme de 1 milliard 250 millions, affectés à la dépense militaire de l'empire actuel, il reste 860 millions de francs. La dépense des établissements civils n'est actuellement qu'un peu moins de 50 millions. Qu'est-ce, cette somme, pour un si vaste empire, quand l'empereur et sa cour dépensent 350 millions ? Si donc on ajoutait à la dépense civile actuelle 160 millions pour l'établissement des routes, des hôpitaux, toutes ces choses que les Français savent si bien faire, l'on s'attacherait la population douce et tranquille de cette contrée, qui ne se révolte, comme le dit l'écrivain où j'ai puisé ces données, que quand elle est pressée par la faim et le désespoir. L'Indo-Chine et la Chine ! Quelle immense richesse ! Ces peuples seront-ils esclaves ? Détruira-t-on chez eux la liberté, parce qu'ils seront soumis à une société dont ils pourront faire partie, société qui respectera leurs mœurs, leurs coutumes ?

Revenons à la France : 700 millions d'impôts provenant de la Chine, 100 millions provenant de l'Indo-Chine, revenu à partager entre les ouvriers faisant partie des sociétés qui possèdent cet empire. Or, prenons un chiffre exagéré : nous avons compté 130 mille ouvriers associés, des quatre compagnies des cuivres, des orfèvres, des horlogers ; prenons 1 million d'hommes faisant partie des sociétés qui possèderaient la Chine et l'Indo-Chine : cordonniers, tailleurs, menuisiers, gantiers, charpentiers, coiffeurs, imprimeurs, graveurs, lithographes, ébénistes, chapeliers, verriers, peintres, porcelainiers, toute cette masse d'hommes enfin qui composent ce que l'on appelle les ouvriers d'art ; mettons-y ces vastes fabriques qui enrichissent notre pays, et essayons de préciser l'état de cette société composée de plusieurs autres.

J'établis un chiffre énorme : je compte 200 mille hommes faisant partie de la première catégorie, grands fabricants, ambassadeurs, artistes célèbres ; eh bien ! ces deux cent mille ont un revenu net de 1500 francs ; 400 mille ouvriers habiles, petits marchands, contre-maîtres de fabrique, etc., 500 fr. ; et les ouvriers plus faibles 300 fr. par an. Les 100 millions qui resteraient, serviraient à établir des écoles professionnelles, des musées, des assemblées, à payer le bureau central, les ambassadeurs commerciaux, les grandes lignes de paquebots à vapeur, établies pour relier la métropole à ses possessions. Cette rente qu'ont les ouvriers les empêche-t-elle de gagner, l'un 2 fr., l'autre 5 fr. par jour? Empêche-t-elle le fabricant de faire d'excellentes affaires? Empêche-t-elle ce marchand de vendre, parce qu'un conseil central composé de ce qu'il y a de plus éclairé parmi les grands industriels, les grands fabricants lui font vendre et emporter à l'étranger les produits placés dans ses magasins? Le commerce est-il susceptible de s'éteindre et de crouler, par ce qu'il y a union entre ces divers états, pour augmenter les débouchés extérieurs de la France? Ces diverses industries produisent 1 milliard 25 millions. Si l'on pouvait, par des débouchés extérieurs, leur en faire produire 4 milliards, aurait-on tort?

Que dira-t-on? Quel droit avons-nous de prendre la Chine?

Je réponds : mais pourquoi les Anglais le font-ils? Pourquoi s'emparent-ils de l'Inde et du monde entier? — Ils s'irriteront de nous voir prendre un rocher, et eux seuls, avec cette morgue hautaine qui les distingue, auront le droit de dire :
» C'est en se plaçant toujours *exclusivement* au point de vue
» de la cité de Londres et de *ses intérêts mercantiles*, que le
» *Times* a conquis cette immense influence dont il jouit dans
» les pays soumis à la couronne d'Angleterre ».

Or, ces intérêts mercantiles, c'est la domination du monde. Pourquoi ne ferions-nous pas comme eux? J'ai beau me torturer l'esprit pour chercher les causes probables et justes d'une guerre entre l'Angleterre et nous, je n'en trouve pas. Pourquoi ne pourrions-nous pas augmenter nos forces maritimes et notre commerce, quand l'Angleterre le fait? Pourquoi n'irions-nous pas en Chine, lorsque l'Angleterre y va? Quelles sont les raisons qui nous empêcheraient de faire comme eux? Pourquoi ne pourrions-nous point devenir puissants, puisqu'il le deviennent? Quoi? l'Angleterre poussera toujours la France en avant; elle lui fera verser son sang; elle dépensera son or à son avantage? Cette nation orgueilleuse, fourbe, hypocrite, troublera le monde entier sans que nulle voix puisse se faire entendre? Elle sera impunément républicaine, en Autriche; révoltée en Sicile, cruelle dans la Grèce, et toujours despotique et égoïste pour ses propres enfants? Quoi? nous ne pourrions pas aller plutôt en libérateurs qu'en conquérants dans ce pays, habité par des peuples soumis au despotisme le plus aveugle, le plus incapable, sans que l'Angleterre se récrie? Marchons! laissons-la s'agiter. Allez en Chine! N'est-ce pas faire un acte d'humanité? Délivrer d'une tyrannie odieuse ces millions de chrétiens qui prient comme nous, bénissent nos prêtres, parlent notre langue, est-ce un crime? Ne sommes-nous pas meilleurs que ces Anglais grossiers qui préfèrent une balle de coton à un homme; pour lesquels la vie d'un peuple est égale à la question de quelques milliers d'écus? Nation odieuse, que tout Français doit haïr; peuple méchant, qui massacrait les émigrés à Quiberon; émigrés qu'il appelait ses amis, comme il empoisonnait Hoche, poignardait l'empereur Paul de Russie, et faisait mourir Napoléon. Peuple qui nous trahira toujours, qui nous laissera seul dans quelques mois peut-être, aux prises avec l'Europe entière, après avoir juré d'être notre allié. Mais que voulez-vous faire avec des législateurs qui, comme le journal des *Débats,* rappellent chaque jour ce que Prusias disait à Nicomède de ces Romains qui l'accablaient :

> Ah! ne me brouillez pas avec la république.
> Portez plus de respect à de tels alliés.

On nous parle de l'amitié de l'Angleterre : faut-il y croire? Faut-il penser que ce peuple soit devenu loyal? Hélas! *timeo Danaos et dona ferentes.* Il se passe aujourd'hui dans les arrière-cabinets de la diplomatie, des choses étranges. Pour nous, pauvres diables perdus dans la foule, nous ne pouvons rien voir, nous ne faisons que deviner : Léopold de Belgique, le roi de Prusse, l'empereur de Russie et l'empereur d'Autriche, réunis à Vienne, ne présagent rien de bon. Léopold, n'es-ce pas l'Angleterre? Et cette réunion de têtes couronnées, ne serait-elle pas une assemblée de marchands? La conduite brutale de l'envoyé, du grand despote de toutes les Russies en Orient, nous mène à la guerre. Cette guerre arrivera-t-elle ou non? Est-ce une conspiration ou un piége? Si c'est une conspiration, la guerre n'aura pas lieu. Mais Louis Bonaparte peut bien tomber sous le courroux national, excité à l'envi par une faction odieuse. Si la guerre éclate, l'Angleterre sera-t-elle toujours notre alliée? Ne lui prendra-t-il pas envie de brûler cette belle escadre française qui lui fait tant de peur? Nous verrons. Quoi qu'il arrive, cette guerre sera un bienfait. La France peut écraser ces quatre nations orgueilleuses, car elle a pour elle les peuples opprimés. L'Irlande, la Hongrie, l'Italie, la Pologne, l'Allemagne, le Portugal ne se lèveront-elles pas à sa voix? La Turquie ne sera pas, ne peut pas être vaincue; et ce grand guerrier qui naguère luttait contre nous, Abd-el-Kader, devenu notre ami, ne peut-il pas rallier à notre cause la population des déserts et la jeter contre la Russie? Oui, cette guerre fera de nous des héros. Malheur alors, trois fois malheur à ceux qui, dans ce terrible moment de lutte, oublieront la patrie pour ne songer qu'à leurs intrigues; ils seraient dignes de mort. Pour nous, alors nous pourrons jeter un regard sur le monde, relever les peuples écrasés par l'avarice anglaise. Notre pavillon paraîtra sur toutes les mers; nous pourrons devenir puissants, nous pourrons aussi former ces admirables sociétés ouvrières qui n'auraient pas de rivales. Sociétés ouvrières où viendraient bientôt s'abriter toutes ces nationalités vaincues, opprimées, que nous aurions délivrées. Car tous ces peuples, gémissants et inquiets, tous ces peuples qui auraient recouvré leur liberté, leur bonheur, se hâteraient d'être nos amis. Oh! quelle magnifique destinée! La France, cette nation si loyale, si brave, si généreuse; la France, qui ne sait que mourir pour défendre l'opprimé; la France n'aurait en Europe que des amis; elle serait forte; elle serait fière de sa puissance; et, pendant qu'elle protègerait l'Europe, ses sociétés ouvrières répandraient au loin ses arts et sa civilisation, et ferait bénir son nom par les peuples les plus barbares.

Je vais, en peu de mots, exposer l'organisation de ces sociétés.

CHAPITRE IV.

Art. 1er. La Société Indienne, composée d'ouvriers Français, est placée sous la protection du gouvernement.

Art. 2. L'Etat lui a donné un pays colonisé militairement à titre de propriété, sous la condition que la société paiera un impôt qui sera fixé par les chambres.

Art. 3. La compagnie se compose d'un chiffre immuable : elle n'augmentera jamais le chiffre de ses membres, à moins de circonstances exceptionnelles.

Art. 4. Pour faire partie de la société, il faut être Français. Un étranger n'y sera reçu qu'autant qu'il aura rendu un service réel, incontestable à la France, soit par son talent, soit par son courage, soit par ses richesses. Les nations alliées à la France peuvent donner lieu à des exceptions, elles feront partie des sociétés.

Art. 5. Tout membre de la société qui aura, par sa mauvaise conduite, fait tort à un ou plusieurs membres de la société, en sera renvoyé, et ne pourra entrer dans aucune autre.

Art. 6. Une condamnation correctionnelle même (quelques cas simples exceptés, comme le délit de chasse), entraînera l'exclusion.

Art. 7. Tout ouvrier ou chef d'ouvriers qui maltraitera un indigène ou un étranger, qui abaissera le taux des salaires injustement, sera renvoyé. La compagnie comprend trois classes : la 1re classe sera composée des grands fabricants, des patrons, des artistes célèbres, des notabilités du commerce ; la 2me, des contre-maîtres, des ouvriers habiles, des petits marchands ; la 3me, des ouvriers, soit isolés, soit groupés autour d'un centre commun, comme les ouvriers des manufactures. Les manœuvres, les domestiques, les hommes de peine attachés à la société n'en feront point partie.

Art. 8. Les indigènes des colonies seront employés dans les manufactures de la société, de préférence aux étrangers. Cependant les étrangers y seront traités avec faveur.

Art. 9. Ces indigènes et ces étrangers seront soumis à la loi de l'engagement septennal.

Art. 10. Un membre d'une classe secondaire peut passer dans une classe supérieure, si par son habileté, son talent, il est reconnu capable d'y être reçu. Un indigène ou un étranger peut aussi entrer dans la société.

Liberté du commerce, concurrence.

1° Tous les territoires des colonies en général, sont livrés à l'industrie de chaque société. Ce que l'on a voulu éviter, c'est l'encombrement résultant d'une concurrence exagérée;

2° Dans une même société, plusieurs membres, plusieurs sociétés de capitalistes peuvent se livrer à une vaste exploitation. D'ailleurs, ces sociétés livrant au commerce un nombre infini de pays, permettent aux sociétés capitalistes, rivales et privées de s'établir pour former ces voies de transport qui faciliteront les communications d'une colonie à la métropole. Le commerce sera très florissant ; mais ce qui tombera, ce sera cette fièvre de spéculation qui donne plutôt la ruine qu'autre chose, que l'on prend pour de l'activité, et qui, en définitive, n'est rien. Plusieurs fabricants pourront s'établir et se faire concurrence ; mais ils ne pourront porter atteinte à la vie des ouvriers français associés. Le peuple étranger de manœuvres, de domestiques, de colporteurs, etc., ne sera jamais plus nombreux que les besoins, puisqu'il ne sera demandé qu'en raison des services qu'il pourra rendre ; il ne formera donc pas dans nos villes cette classe nombreuse et pauvre qui est réellement dangereuse.

Avantage de chaque membre.

1° Un membre de la société a droit : 1° à une rente fixe provenant des impôts de la colonie ; 2° à un intérêt plus fort

dans la compagnie. Ainsi, par exemple, l'intérêt de 100 fr.
étant 5 pour tout le monde, il serait 7 pour les membres
de la société. Cet intérêt, variable comme toutes les marchandises, pourra être au-dessus ou au-dessous du cours ;
mais il est certain que chaque membre voudra nécessairement
placer ses fonds dans la société, qui, bientôt, atteindra à un
capital social énorme. Il est croyable que cet argent lui per-
mettra d'établir de vastes exploitations qui donneront aux
associés une part énorme de bénéfice, bénéfice qui sera, comme
dans toutes les exploitations actuelles, partagé proportion-
nellement à la mise ; et que les étrangers capitalistes, en-
traînés dans notre mouvement commercial, viendront y jeter
leurs capitaux. Quand on pourra coter à la Bourse le travail
de 600 mille hommes, quand une société présentera pour
garantie de ces opérations la vie et la fortune de 600 mille
hommes, n'aura-t-elle pas la confiance des capitalistes ? Surtout lorsqu'elle ajoutera à ce travail une réserve énorme formée par les revenus de ces possessions ?

II° Chaque associé aura droit à faire entrer ses enfants dans
les écoles professionnelles de la société ; ces écoles, vastes
palais, seront toujours placées à la campagne. Il y aura des
écoles pour l'enfance, pour la jeunesse ; il y en aura pour
les jeunes filles comme pour les garçons, et tous ces établissements seront magnifiques ; car, lorsqu'un peuple est puissant,
il veut que ses monuments attestent sa puissance. Les profes-
seurs formant un corps compacte, seront les premiers digni-
taires de la société, et entreront de droit dans la première
classe. La marine, l'armée fait aussi partie de la société.
Les soldats seront pris, mi parmi les cultivateurs des écoles,
mi parmi les ouvriers. Les fermiers des écoles feront partie
de la société ; les domestiques attachés à ces fermes y seront
nourris, s'engageront comme les ouvriers des colonies, et
seront pris parmi les indigènes : ils ne participeront pas aux
avantages des associés.

III° Tous les associés feront quatre ans de service militaire ;

IV° La société aura ses écoles spéciales pour la marine et
l'armée de ses possessions.

CONSEIL DE LA SOCIÉTÉ.

Gouvernement.

La société est présidée par un conseil qui a son siége à Paris. Ce conseil est composé comme il suit :

1° Le supérieur du corps enseignant, et trois membres des écoles ;

2° Le gouverneur de la colonie et trois membres nommés par la noblesse agricole ;

3° Les représentants des ambassadeurs commerciaux de la société, au nombre de deux ;

4° Les députés des marchands et des fabricants, au nombre de quatre ;

Et 5° Les délégués des ouvriers, au nombre de six.

Ce conseil, à Paris, possède une salle de réunion ; il est permanent, et nommé pour huit ans. Chacun des membres est susceptible d'être réélu. Son élection est faite par la chambre des députés de la société. Trois membres seuls ont de droit accès au conseil : le supérieur du corps enseignant, le gouverneur de la colonie et le chef des ambassadeurs commerciaux ; ces dignités sont possédées pour la vie.

Ces vingt hommes formeront donc le gouvernement de la société. Ils veilleront sur les écoles, sur les intérêts des colonies. Par les ambassadeurs commerciaux, ils augmenteront les débouchés extérieurs des produits manufacturés de la société ; par les délégués qu'ils enverront dans les départements, ils sauront en apprécier les progrès et connaître l'état de ses membres. Cependant les chefs de fabrique pourront, comme d'habitude, correspondre avec l'étranger, y vendre leurs produits. Mais ne seront-ils pas bien aises de savoir qu'un conseil puissant veille sur eux, et cherche à leur assurer d'immenses débouchés ? Une société qui pourra, à l'aide de ses ambassadeurs commerciaux étrangers, savoir que, dans la Chine, l'Indo-Chine, le Maroc ou la Corée, on demande pour 100 millions de meubles français, ne pourra-t-elle pas faire travailler tous les ouvriers associés? ne doit-on pas dire qu'il arrivera un jour où chaque membre associé de la 2ᵐᵉ classe aura sous sa direction des contre-maîtres habiles, et que les milliers d'ouvriers employés subalternes, indigènes ou étrangers, formeront dans la société un peuple nombreux et actif, et ne peut-on pas dire que les chemins de fer, les machines qui aujourd'hui sont un obstacle au bien-être, seront alors une nécessité, que le peuple français enfin sera le plus puissant du monde? A l'étranger 15 millions de nobles Français, riches et puissants; à l'intérieur, des villes immenses, des écoles qui, par les belles propriétés qui les entoureront, formeront une sorte de république démocratique dont les chefs seront des hommes savants, des agriculteurs puissants directeurs de vastes fermes? N'est-ce pas là un bel avenir, une puissance colossale?

Représentons-nous les fermes de ces écoles, grands établissements qui, comme les villas romaines, comprendraient le logement du maître, la basse-cour, les granges, les étables, la demeure des serviteurs. Tout cela en symétrie, bien bâti, bien entretenu et bien propre; ces serviteurs bien nourris, payés en proportion de leur travail, ne seraient-ils pas véritablement heureux? Ils ne seraient pas de la société, cela est vrai; car pour moi, je l'avoue, je ne crois pas à l'égalité absolue des classes; mais je pense qu'un homme qui vit attaché à une famille puissante, est plus heurenx que s'il possédait la liberté de mourir de misère et de courir en haillons. Je crois à l'obéissance; et si je déplace les positions des hommes, si je fais de la France une nation dominante, si je transporte la richesse d'un pays dans un autre, je ne fais pas là un rêve impossible. Tous les peuples du monde ont agi ainsi. Romains, Anglais, tous ces peuples qui ont eu une domination constante, ont placé les droits de leurs citoyens au-dessus de ceux des autres peuples. Mais pour nous, toujours justes, toujours charitables et fraternels, nous saurons partout être humains, et donner aux peuples qui vivent sous notre domination une véritable liberté, un bonheur certain.

Ces écoles professionnelles pourraient atteindre un chiffre énorme de plusieurs centaines, et arriver à un revenu de plusieurs millions. Des maisons de plaisance servant de lieu de réunion aux membres de ces sociétés, les fermes des conseils supérieurs formeraient en France ces propriétés fixes, stables, qui existent toujours chez les grands peuples. Cela empêchera-t-il qu'il n'y ait des propriétaires qui achètent ou vendent des terres? nullement. N'arriverons-nous pas, par l'établissement de ces grandes propriétés, à doubler le revenu territorial de la France, à empêcher ce déboisement qui nous ruine? Ces vastes écoles, ces palais populaires, parce qu'ils représenteront dans le revenu territorial une rente immense, abaisseront-ils la nation? Ne dit-on pas chaque jour que c'est la petite propriété qui gêne le pays? Parce qu'en Angleterre les nobles lords possèdent des propriétés immenses, l'Angleterre est-elle moins bien cultivée? Et nos villes, devenues quatre fois plus populeuses, nos ports, où se presseront des milliers de navires, ruineront-ils la France, parce qu'ils serviront de transit entre elle et vingt peuples différents?

Il y a aujourd'hui une agitation fébrile dans le commerce. C'est un jeu où l'on se précipite sans en connaître le résultat. Cette fluctuation dangereuse de bien et de mal, de la misère ou de la richesse, est-elle un bien? Un état de choses où cette fluctuation n'aurait pas lieu, serait-il à rejeter? Et si l'on songe que des millions d'ouvriers associés participeraient aux bénéfices qui résulteraient de la consommation de 400 millions d'hommes, on se demande s'ils ne seraient pas puissants?

Ces terres aristocratiques inaliénables appartenant au peuple français seront-elles donc un obstacle au bien-être de tous? Si l'égalité des conditions n'existe pas, y a-t-il de part et d'autre antagonisme? Y a-t-il, dans cette société fraternelle, des riches égoïstes et des pauvres envieux? S'il m'était permis d'entrer dans un calcul exact du revenu de chaque école, ne pourrais-je pas prouver que les fermiers seront à même d'arriver à l'aisance par un travail constant, que les baux étant très longs, la terre deviendrait moins susceptible de changements ? La fièvre qui nous dévore s'est même portée jusqu'à la terre qui est devenue, dans la main de certains hommes, un capital mobile. Cet état de choses, regardé par certains comme admirable, peut-il donner au laboureur cette sécurité qui fait sa force ?

D'un autre côté, ne pourrais-je pas montrer combien l'état de ses ouvriers indigènes ou étrangers, employés soit dans les fermes, soit dans les manufactures, serait heureux ? L'engagement leur assure l'existence. Ils ont des tribunaux pour juger et faire droit à leur plainte. On dira qu'il est impossible que les peuples se mêlent à ce point que la France soit cultivée par les étrangers. Quoi donc ? Un Chinois viendra en France, les Abissins habiteront nos campagnes ? Ah ! vraiment. A Rome, on trouvait auprès du Germain, du Breton, du Gaulois, l'esclave nègre de l'Afrique ; à Londres, on voit des Indiens qui balaient les rues. C'est le propre d'un peuple puissant et conquérant d'attirer chez lui les peuples qu'il a conquis. Sans doute cette transformation ne se fera pas dans une année ; mais la vie des peuples ne se compte-t-elle pas par siècles ?

Il n'y a que deux états possibles : ou bien il faut admettre l'égalité des peuples, et, comme le disait Ledru-Rollin, *dans un temps rapproché le niveau s'établira entre les peuples et la régularisation des échanges internationaux aura lieu.* Alors, que penser de ces chemins de fer, de cette vapeur, qui nous fait voisins des états les plus éloignés ? Les peuples de l'Europe produisent les mêmes objets que nous produisons ; comme nous, l'Autriche et la Prusse fabriquent des draps, de la porcelaine ; l'Espagne et l'Italie peuvent travailler la soie. La guerre commerciale devient une nécessité. Les peuples doivent ou se contenter de leurs propres consommateurs de l'intérieur, ou se battre pour écouler leurs produits. Alors, les ouvriers ne peuvent être qu'exploités pour satisfaire à la consommation de quelques élus ; ou bien, il faut admettre qu'un peuple attirant à lui l'existence de plusieurs peuples, vit de leur travail ; il faut admettre que ses citoyens deviennent riches, puissants, et peuvent augmenter par là le cercle des grands consommateurs. Quelle est alors la question ? Ne se résume-t-elle pas dans cette idée fort simple, qu'il faut chercher comment on rattachera ses colonies lointaines à la métropole ?

L'Angleterre ruine ses colonies, et il arrive, ou qu'elles meurent écrasées et pauvres, ou que, devenues rivales de leur patrie première, elles s'en séparent brusquement. Pourquoi ? Parce qu'il n'y a aucun lien entre la colonie et la métropole. Faisons ici un rapprochement qui paraîtra bizarre : supposons que les généraux Lamoricière, Cavaignac, Bedeau, Changarnier et tant d'autres qui ont illustré la terre d'Afrique, eussent actuellement dans ces pays de vastes possessions héréditaires bien cultivées, gouvernés militairement ; représentons-nous ces généraux ayant autour d'eux une grande famille ; ne seraient-ils pas vraiment de nobles puissants, et leurs enfants venant simplement prendre rang dans les sociétés démocratiques de France, y recevant une éducation religieuse, ne deviendront-ils pas forcément obligés de soutenir les droits de leur société, c'est-à-dire, les droits de la France ? A côté de ces Français, voyons les grands chefs arabes avec leur famille nombreuse, s'alliant à nous, subissant non-seulement le contact de nos mœurs, mais arrivant à faire comme nous, arrivant à désirer que leurs enfants viennent en France, puiser dans la société dont ils font partie une éducation française ; qu'importe alors que des masses innombrables d'étrangers viennent s'abattre sur ce sol ? Mais si vous ne faites d'une colonie qu'un sujet d'exploitation, il arrivera que bientôt le désir du gain forcera les peuples qui la composent, à se séparer de votre tutelle qui leur sera inutile. Il arrivera que ce sera un nouvel Etat qui luttera contre vous, qui abaissera les prix de ses produits et les prix des salaires, et que la bourgeoisie de ces pays écrasera le peuple des travailleurs ; que cette colonie sera la cause de la ruine des peuples, au lieu d'être pour eux une cause de bien-être.

Chambres électives.

D'un autre côté, les membres associés de la société se rendront quelquefois au lieu convenu pour leur réunion, au sein de leurs comices. Comme dans les colonies, les agriculteurs français et étrangers devenus citoyens français, se réuniront aussi dans leur district respectif, et tous nommeront leur député, représentant véritable de leurs intérêts. Cette chambre, composée pour chaque société de 100 membres, verra des ouvriers, des fabricants, des agriculteurs, des marins, des militaires et des indigènes même qui y auront leurs représentants, discuter sérieusement (1).

Devant ces assemblées, qui seront de véritables états généraux, les conseils supérieurs viendront exposer leurs comptes, les incidents si variés de leur gestion. Tout les huit ans, les intérêts de la société seront montrés au grand jour ; on proposera des lois, des décrets qui, tous, augmenteront l'importance du commerce. Ces chambres différentes se tiendront à Paris, et nommeront, avant de se séparer, les membres du conseil supérieur. N'est-ce pas là une magnifique organisation ? Et qu'importe la constitution de la France ? Les trois pouvoirs ne sont-ils pas existants ? Les conseils supérieurs, les directeurs des écoles, les grands seigneurs des colonies, les artistes habiles ne représentent-ils pas réellement une aristocratie puissante ? Les députés des sociétés ouvrières ne sont-ils pas réellement les représentants d'une bourgeoisie libre, indépendante, riche et nombreuse ? Sommes-nous alors soumis au bavardage futile des avocats ambitieux ? Ces chambres, qui auront dans leurs mains

---

(1) Cette représentation indigène sera reçue avec bonté ; elle assistera aux réunions, et parlera des intérêts des indigènes, nommera les plaintes qui auraient pu s'élever parmi les ouvriers de telle ou telle famille. Ces représentants seront choisis en général parmi les membres du clergé colonial, ou parmi les maîtres d'école.

les intérêts d'une réunion de sociétés qui possèderont des empires, passeront-elles leur temps dans des discussions oiseuses ? Cela n'est pas probable ; et si l'on veut que ces huit ou dix sociétés nomment vingt de leurs membres pour faire partie de la chambre générale de la France ; si l'on ajoute à ces membres des sociétés ouvrières les représentants de l'armée, des propriétaires indépendants, des compagnies des chemins de fer, les représentants du clergé, n'aurons-nous pas une assemblée de rois ? Mais à quoi bon s'appesantir sur ces détails ? Les sociétés ne seront-elles pas la France elle-même dirigeant le monde ? Et Paris, cette grande ville, ne deviendrait-elle pas admirable, quand nous y aurons des palais superbes, siéges de tous les conseils supérieurs des sociétés, palais, places, statues, jardins ; des sociétés qui remueraient des millions ne pourraient-elles pas élever pour le siége de leur représentation des monuments admirables ? Je me plais à répéter sans cesse les mêmes idées. L'esprit aime à se reposer sur un projet si applicable, si réalisable, qui arriverait à faire de notre pays le premier du monde, qui rendrait le chef de ce peuple, l'homme le plus puissant de la terre, sans que la liberté de la nation soit nullement attaquée, sans qu'il y ait domination méchante sur le peuple, sans que les institutions du pays soient à la veille d'être renversées par les premiers orateurs des carrefours qui ameutent quelques bandits, sans que les droits de tous, du petit comme du grand, soient abolis.

Etat des personnes.

Mais, fort bien ! dira-t-on, quel est ce système ? C'est l'Angleterre en France, c'est la France rendant le monde esclave. Où est votre peuple, où sont sa liberté et ses droits ? N'est-ce pas sous une autre forme l'exploitation de l'homme par l'homme ?

Examinons : rien n'est plus difficile à établir que l'état des personnes ; aujourd'hui le peuple est réellement esclave, soumis à toutes les douleurs de la misère. Le jour où une concurrence affreuse viendra diminuer le prix des salaires, il se verra de nouveau soumis à de nouvelles privations. Rien n'est fixe dans sa vie. Travaillant, travaillant sans cesse, toujours, il court en vain après un repos qui n'arrive jamais. Heureux quand le travail qui est payé au-dessous de sa valeur lui est assuré! Heureux quand la faim ne vient pas s'asseoir au foyer de sa demeure! Ici tout change; si les grands fabricants, les chefs des conseils supérieurs des sociétés, et les grands artistes, forment, avec la noblesse coloniale, une aristocratie puissante; si les ouvriers associés, marchands, travailleurs de toute sorte, fermiers des écoles, fermiers des colonies, forment une véritable bourgeoisie agricole et ouvrière, riche et instruite, le peuple, c'est-à-dire les indigènes, les étrangers qui se sont attachés à la France, ne seraient-ils pas plus heureux que notre peuple actuel? Prouvons-le.

J'ai représenté, dans la première partie, l'établissement de ces vastes fermes coloniales, qui font d'un simple chef de ferme un homme puissant; j'ai montré que les indigènes attachés à l'exploitation agricole font partie de sa famille; ils vivent dans la ferme, y habitent, ils participent à son accroissement; ils nomment le représentant qui doit venir exposer leurs besoins, leurs idées; et ces représentants, par leur mission, ne peuvent jamais abuser de leur pouvoir pour chercher, par ambition, à bouleverser le royaume; j'ai montré que, dans cette famille chrétienne, tous les droits étaient respectés, et que, s'il y avait soumission et obéissance d'un côté, il n'y avait pas de l'autre tyrannie, despotisme.

En France, les fermes attachées aux écoles seraient régies par les mêmes lois.

Et dans les fabriques, les manufactures, le même état ne pourrait-il pas exister? Qu'on me permette de faire le tableau d'une fabrique :

Dans une charmante position, près d'une grande ville, s'élève une vaste demeure, véritable ville; autour d'une habitation gracieuse, château du maître, s'étendent des bâtiments immenses; les uns sont les ateliers, les autres les demeures des ouvriers attachés à la fabrique. Des jardins agréables, des allées plantées d'arbres touffus embellissent ce riant séjour. Une école, une salle de réunion sert aux ouvriers de la fabrique. Ils y sont nourris et logés. Sont-ils esclaves, parce qu'ils s'engagent pendant sept ans au service du maître? Nullement.

Ne sont-ils pas payés parce qu'ils sont nourris et logés à la fabrique? Au contraire, ils ont une paie variable suivant les marchés, mais paie qui tendra toujours à s'élever graduellement, qui ne s'abaissera jamais de manière à les rendre malheureux.

Les Français, contre-maîtres, chefs-ouvriers, ne sont-ils pas véritablement puissants, et ne forment-ils pas une bourgeoisie formidable dans les ateliers des villes? Parce qu'un indigène ou un étranger sera pendant sept années au service du même maître, sera-t-il esclave? Sera-t-il soumis aux caprices du maître? Mais n'y a-t-il pas une loi qui déclare que tout maître, tout chef ouvrier qui maltraitera en quelque manière un ouvrier indigène ou étranger, sera chassé de la société? (Voir le règlement). Les travailleurs n'ont-ils pas des députés qui représenteront réellement leurs intérêts? Toute diminution excessive du salaire n'est-elle pas entièrement défendue? Lorsqu'un indigène est vicieux, son maître peut le punir en le privant de salaire, cela est vrai; mais s'il a été puni ou privé injustement, n'y a-t-il pas, dans chaque grande ville, un tribunal qui juge? N'a-t-il pas son défenseur? N'est-il pas plus heureux, franchement, qu'avec l'indépendance stupide de la faim et de la misère? Les droits du maître et ceux du serviteur ne sont-ils pas basés sur la plus grande justice? Cet état de famille n'est-il pas plus heureux que notre égoïsme brutal, que notre individualisme sans limite? quelle est, en définitive, la base de ce système? Sa base principale repose sur le pouvoir de la famille.

D'un autre côté, les sociétés n'auront pas d'exclusion systématique : un indigène, un étranger pourra y être reçu; mais cette acceptation, toujours soumise au conseil supérieur, évitera l'encombrement sur un point, sur un lieu, d'un nombre infini d'hommes qui se gênent, se ruinent mutuellement.

Simplicité, tranquillité pour tous, ne sont-ce pas des vertus préférables à l'agitation, à la fièvre commerciale qui nous dévore ? N'est-ce pas la vie patriarchale transportée à notre époque ? L'application au commerce, à l'industrie, de la tranquillité de la vie de famille ? Il y aura moins d'activité dans le négoce. Les spéculations n'entraîneront pas la ruine des uns, n'élèveront pas les autres à la fortune aussi rapidement, cela est vrai. Il y aura plus de gravité dans les mœurs, plus de calme dans la vie, cela est encore vrai. Nos jeunes ouvriers Français élevés, comme des jeunes gens distingués, exerceront leur esprit dans les arts, et l'or ne sera pas tout. Ils pourront arriver à la fortune, lentement, cela est vrai, mais ils seront plus heureux, cela est aussi très certain.

Résumé.

Produire! produire! tel est le cri universel. Qu'importe la ruine des uns, qu'importe la misère affreuse des petits ? il faut vendre au meilleur marché possible. Mais si, pour vendre à bon marché, il faut abaisser les salaires à un taux tel que les travailleurs affamés doivent ou mourir de faim ou accepter l'ouvrage qu'on leur donne à quelque prix que ce soit. Qu'importe, pourvu que le travail soit fait, et que nous gagnions de l'argent ? La vie à bon marché, voilà le rêve, l'idéal du bonheur. Honteux mensonge ! La vie à bon marché. Quand on arrivera à diminuer les salaires d'une manière si atroce que l'homme du peuple, pour vivre, sera obligé de ne manger que du pain ! Sera-ce là le progrès suprême ? Voilà la seule cause des révoltes, des révolutions. Voilà ce qui amènera tôt ou tard en France une crise nouvelle; en Angleterre, une ruine complète. Résumons en un seul mot la concurrence outrée. Le commerce, qui est par lui-même une chose admirable, n'est pas un état. Dans notre bon vieux temps, on était commerçant, marchand, de père en fils. Une maison avait un honneur à elle, une dignité aussi noble que celle d'un gentilhomme. Aujourd'hui, une maison de commerce s'élève, écrase ses rivales, parvient à une énorme fortune, ou à la ruine la plus complète, et cela, en quelques années. Le commerce, je l'ai dit vingt fois, c'est une arène où l'on se tue pour arriver. Tous les crimes y sont permis. Baisse du salaire qui réduit le sort du travailleur au plus triste état, qui fait que les filles se prostituent pour avoir du pain, et que les hommes volent; chômage résultant de l'encombrement des marchandises; falsification des produits; duplicité, tromperie dans les achats; anxiétés, inquiétudes, suicides, voilà la grandeur du commerce. L'Angleterre, qui est l'expression la plus complète de cet état de concurrence, a ruiné vingt peuples : elle a écrasé l'Inde, elle va ruiner la Chine.

Entendez-vous, capitalistes, bourgeois, nobles Français? elle va ruiner un pays qui, s'il était gouverné par vous avec un autre système, deviendrait pour la France une source de gloire et de prospérité.

Examinons rapidement la prospérité de notre pays, dans notre système si simple, si rationnel, et comparons.

A l'extérieur, des colonies puissantes, libres, et qui se rattachent à la métropole par des liens indestructibles. Tous les efforts des colons se portant vers l'agriculture (si des fabriques se lèvent dans les colonies, elles font partie de la société; elles ne peuvent donc pas être pour elles une cause de rivalité). Les nobles colons gagnant assez pour vivre honorablement, s'attachant à la terre conquise, et s'unissant d'une manière intime avec les indigènes devenus membres de la société, ayant sur le pays un grand pouvoir, mais un pouvoir qui ne peut devenir tyrannique ni entraîner la ruine du peuple, puisque sa force principale est l'agriculture; les cadets de cette noblesse trouvant en France, où ils viennent puiser l'éducation, la fortune, et souvent les honneurs ; des villes populeuses, des châteaux admirables, habités par des maîtres bienfaisants : tel serait l'admirable avenir de ces colonies, où plus de 10 millions de familles françaises posséderaient le pouvoir, la fortune, la tranquillité des champs, le bonheur de répandre autour d'elles le bien et la charité; colonies qui peuvent être fondées demain, si l'on veut. Un simpledéplacement suffit. Ce serait un déplacement tout à notre avantage; déplacement possible, praticable, et tout-à-fait dans notre caractère.

A l'intérieur, une chambre de députés, un conseil supérieur perpétuel, choisi par l'élection, chargé d'étendre au loin l'influence de la société; conseil qui, par ses délégués à l'intérieur, ses envoyés à l'étranger, ouvrira sans cesse de nouveaux débouchés à l'activité des associés, et, par conséquent, augmentera sans cesse la richesse des membres de la société.

Le commerce libre, la fabrication incessante, le travail perpétuel, le nombre des ouvriers associés toujours le même, par conséquent les bénéfices devenant de plus en plus forts, la richesse de chacun s'accroissant.

Le peuple d'indigènes et d'étrangers libre, heureux, sincèrement attaché à ses maîtres, et faisant partie de ces grandes familles, qu'on appellerait peuple français.

L'ouvrier français instruit et éclairé; le culte des arts faisant arriver aux plus hautes dignités; la liberté existant; la religion présidant elle-même à ces grandes associations; le travail du corps devenu noble, puisqu'il s'allie au développement de l'esprit; des écoles, des musées, des salles de réunion, de vastes maisons servant à loger les ouvriers de la société qui voyagent, des colonies puissantes, une marine active, tels seraient les avantages que produiraient ces associations possibles, réalisables, puisqu'au lieu de blesser les intérêts existants, elles les doublent, les quadruplent.

Il me reste à développer l'organisation de ces écoles professionnelles, qui doivent être, avec la colonie, les bases de la formidable puissance de ces sociétés sans rivales. C'est ce que je ferai prochainement.

Mais je parle de la grandeur et de l'avenir du peuple le plus brave, le plus intelligent, le plus gracieux du monde, et malgré moi, mon ame est saisie de tristesse. Les hommes ont tout essayé, tout découvert ; les peuples n'ont plus de bornes ; les divisions des états ont disparu ; l'obscurité de la nuit n'est plus, et nos villes brillantes et parées ressemblent à ces pays fantastiques qu'ont décrits les poètes. Les mers les plus vastes sont traversées en quelques jours ; ces nations lointaines qui semblaient habiter l'extrémité du monde sont nos voisines ; la parole de l'homme parcourt l'espace en une minute. On sait à Paris ce qui se passe à Berlin, à Londres, à Vienne, et cela, dans le même temps ; les oiseaux du ciel s'effraient de voir leur élément traversé par nous ; la nature est vaincue ; la matière même obéit, s'agite, et répond à notre pensée. Dans son orgueil, l'homme a cru qu'il était plus puissant que Dieu. Pendant que les uns dominent, écrasent les petits et les faibles, les autres secouent le joug de leurs anciennes croyances ; ils ne veulent plus des pleurs, de l'humilité, des douceurs de la soumission, du combat de l'esprit contre la chair. Tous, petits et grands, tous se sont écrié : l'humanité progresse, nous avons dompté la nature, nous ne pouvons avoir de passions mauvaises ; seul, le bien est absolu, *le mal dans le monde est un immense accident* ; nous marchons à la paix universelle ; les hommes sont frères ; *la philosophie, la science ont régénéré le monde* ; à quoi bon dompter des passions qui n'existent pas ? Toutes les passions sont bonnes (Eug. Sue) ; l'enfant est né vertueux ; la guerre, cette hécatombe d'hommes qui sert d'expiation à nos crimes, ce fléau destructeur, glaive terrible que Dieu tient suspendu sur nos têtes pour nous montrer notre petitesse, est devenue, dit-on, impossible ; les peuples sont trop raisonnables, le progrès a fait trop de chemin pour que nous puissions faire le mal.

Et voilà que dans un moment peut-être Dieu se servira de notre orgueil même pour nous punir. Ces machines à vapeur, ces flottes si rapides, tout cela servira à détruire l'homme. Un coup de canon tiré dans une seule puissance de l'Europe peut amener la conflagration universelle du monde. A aucune époque les nations n'ont été si près les unes des autres. De la Chine à l'Amérique, de la Russie à la France, de l'Angleterre à l'Océanie, il n'y a plus qu'un pas. Les peuples se précipiteront les uns contre les autres ; leurs passions indomptables feront servir à leur destruction ce qu'ils voulaient si fièrement élever pour être témoin de leur tendresse fraternelle.

Nous parlons de notre pouvoir : nous disons que l'humanité progresse, que nous sommes éternels, et nous exaltons notre corruption. Cependant tous les peuples antiques ont disparu de la scène du monde, lorsque la corruption avait détruit leur caractère, lorsque le luxe est venu les amollir. Ils n'ont été vraiment grands que lorsqu'ils ont été simples. Que prouve cet exemple ? Chez tous, le luxe, la corruption détruisait les idées de justice et de liberté. Qu'importe ? Nous sommes éternels, nous marchons au progrès; progrès étrange vraiment que celui qui abaisse l'humanité, rapetisse les hommes, et les fait plus soumis, plus malheureux que les serfs du moyen-âge et les esclaves romains. Nous n'aurons plus de guerre et aujourd'hui peut-être la menace du prophète va se réaliser : « et il survint un autre cheval qui était roux, et le pouvoir fut » donné à celui qui était dessus d'enlever la paix de dessus » la terre et de faire que les hommes s'entretuassent. Et ceux » des hommes qui ne furent pas tués par ces plaies ne se » repentirent pas des œuvres de leurs mains pour cesser » d'adorer les démons et les idoles d'or et d'argent. » Quoi ! l'idée chrétienne ne pourrait-elle relever l'homme, refaire les sociétés ? Ne pourrait-on rétablir cet enseignement si pur de la famille, qui rattachait l'homme au sol, les enfants au père, les familles à la patrie ? L'idée chrétienne sera-t-elle isolée, individuelle, et devons-nous tous, chrétiens obscurs, vivre dans la crainte de ce jour terrible du jugement définitif, regardant nonchalamment les peuples se dissoudre, le pouvoir s'en aller d'une main dans une autre ? Un peuple chrétien ne pourra-t-il se lever au milieu de la confusion, pour ramener dans le monde le culte de la tradition, de la simplicité, de la pureté, le culte et le respect de la famille ?

FIN DE LA DEUXIÈME PARTIE.

www.ingramcontent.com/pod-product-compliance
Lightning Source LLC
Chambersburg PA
CBHW051610060726
47597CB00004B/1214